DAS DEMOKRATISCHE PARADOX

C’est par le malentendu universel
que tout le monde s’accorde
Charles Baudelaire

Caminante, no hay camino,
Se hace camino al andar
Antonio Machado

CHANTAL MOUFFE

Das demokratische Paradox

Aus dem Englischen übersetzt
und mit einer Einleitung versehen
von Oliver Marchart

VERLAG TURIA + KANT
WIEN – BERLIN

Bibliografische Information Der Deutschen Bibliothek
Die Deutsche Bibliothek verzeichnet diese Publikation in der Deutschen Nationalbibliografie; detaillierte bibliografische Daten sind im Internet über http://dnb.ddb.de abrufbar.

Bibliographic Information published by the Deutsche Bibliothek
The Deutsche Bibliothek lists this publication in the Deutsche Nationalbibliografie; detailed bibliographic data are available on the internet at http://dnb.ddb.de.

ISBN 978-3-85132-913-1

»The Democratic Paradox« erschien bei Verso Books, London/New York 2000

Lektorat: Gianna Zocco

Cover: Bettina Kubanek

VERLAG TURIA + KANT
A-1010 Wien, Schottengasse 3A/5/DG1
Büro Berlin: D-10827 Berlin, Crellestraße 14 / Remise
info@turia.at | www.turia.at

Inhalt

Äquivalenz und Autonomie

Vorbemerkungen zu Chantal Mouffes Demokratietheorie

Oliver Marchart

In den letzten Jahren ist Chantal Mouffes politische Theorie durch eine Reihe von Übersetzungen auch dem breiteren deutschsprachigen Publikum bekannt geworden. Auf beeindruckende Weise entwickelt Mouffe eine Alternative zu den tonangebenden Paradigmen der liberalen oder konsensusorientierten Demokratietheorie. Mit ihrem Alternativvorschlag eines *agonalen Pluralismus* zielt Mouffe, ohne deshalb die Errungenschaften liberaler Institutionen aufgeben zu wollen, auf eine *Radikalisierung* von Demokratie: auf eine stärkere Einbeziehung der Konfliktdimension politischen Handelns, auf eine Rückbesinnung auf den Kernbegriff der Volkssouveränität, auf eine Ausweitung von Gleichheitseffekten auf möglichst viele gesellschaftliche Felder bei gleichzeitiger Respektierung pluraler Autonomieformen. Dieses ursprünglich gemeinsam mit Ernesto Laclau entwickelte Projekt einer *radikalen und pluralen Demokratie* lässt sich jedoch nur dann korrekt verorten, wenn wir es vor dem Hintergrund der politischen und theoretischen Konstellation betrachten, aus der es hervorging. Seine wesentlichen Pointen dürften nämlich kaum verständlich werden, wird nicht berücksichtigt, dass Mouffes theoretische Wurzeln keineswegs in der Demokratietheorie liegen. Ende der 60er Jahre hatte Mouffe in Paris bei Louis Althusser studiert und an dessen legendären Seminaren teilgenommen, aus denen *Das Kapital lesen* hervorging. Sensibilisiert für die Kämpfe des Trikont ging sie nach Lateinamerika, musste aber bald feststellen, dass die dortige Situation mit den analytischen Mitteln des Althusserianismus nicht zu erfassen war. Wie auch Ernesto Laclau gehört Mouffe einer Generation der Linken an, die, von Althusser kommend, den rigiden Strukturalismus Althussers zu durchbrechen versuchte, indem sie sich verstärkt auf die Hegemonietheorie Gramscis besann.

Bereits mit ihrer ersten bedeutenden theoretischen Intervention, dem 1979 von ihr herausgegebenen Sammelband *Gramsci and Marxist Theory*, dokumentiert Mouffe die zentrale Rolle, die Gramsci für ihr Denken bis heute spielt. Das von ihr selbst verfasste Kapitel lieferte einen maßgeblichen Beitrag zur Gramsciforschung.[1] Dort argumentiert Mouffe, Gramsci habe an mehreren Stellen Erkenntnisse Althussers vorweggenommen. So verorte bereits Gramsci Ideologie nicht im Reich der Ideen, sondern in der Materialität staatlicher Institutionen (im weiten Sinn des die Institutionen der Zivilgesellschaft umfassenden »integralen Staates«), womit die traditionelle Vorstellung von Ideologie als Epiphänomen eines falschen Bewusstseins verabschiedet werde. Zugleich gehe er aber in seiner Kritik des marxistischen Ökonomismus und Reduktionismus weiter als Althusser, denn ideologische Elemente besäßen nach Gramsci keine notwendige Klassenzugehörigkeit. Das impliziere jedoch, dass ideologische Elemente in ihrer je spezifischen Kombination immer aufs Neue hegemonial artikuliert werden müssten, was den Spielraum des Politischen signifikant erweitere:

> Gramsci's ›enlarged‹ notion of the state which is correlative to the role attributed to hegemony, recuperates this forgotten dimension of politics, and ideological struggle becomes a fundamental aspect of political struggle. Politics thereby ceases to be conceived as a separate specialist activity and becomes a dimension which is present in all fields of human activity. In effect, if no individual can become a subject except through his participation in a ›mass-man‹, there is not one aspect of human experience which escapes politics and this extends as far as ›common sense‹.[2]

Diese Argumente sollten in dem gemeinsam mit Ernesto Laclau verfassten Hauptwerk *Hegemony and Socialist Strategy* von 1985 weiter ausgearbeitet werden. Dort legen die Autoren eine Genealogie des Hegemoniekonzepts von der russischen Sozialdemokratie bis Gramsci vor, um im Anschluss eine poststrukturalistische Reformulierung dieses Konzepts vorzuschlagen. Schon bei Gramsci beinhaltet Hegemonie keineswegs nur die Herstellung von Konsens und freiwilliger Zustimmung zum Zwecke der Absicherung der eigenen Führung gegenüber den Beherrschten einerseits, sowie gegenüber den Verbündeten innerhalb einer Allianz aus Klassen und Klassenfraktionen andererseits. Wie Mouffe bereits in ihrer früheren Arbeit festgehalten hatte, durchdringt Hegemonie – und damit Politik – alle Bereiche des gesellschaftlichen Lebens und der menschlichen Erfahrung. Der Kampf um Konsens und Zustimmung zu einem bestimmten *way of life*, zu einer bestimmten hegemonialen Formation, wird in allen gesellschaftlichen Feldern ausgetragen. Die *Logik* dieses Kampfes aber, in dem – bei Gramsci – eine bestimmte Klasse oder Klassenfraktion ihre Führungsrolle gegenüber anderen wahrt, wird nun anhand der von Laclau und Mouffe neu eingeführten und diskurstheoretisch gewendeten Kategorie des Antagonismus beschrieben. Eine Allianz oder, so der diskurstheoretische Terminus, »Äquivalenzkette« aus unterschiedlichen ideologischen, d.h. diskursiven Elementen (die, wie gesagt, keine notwendige Klassenzugehörigkeit besitzen, deren Artikulation also kontingent ist) lässt sich, so das Argument, nur herstellen in Abgrenzung gegenüber einem allen betroffenen Elementen gemeinsamen Außen. Dieses Außen kann selbst jedoch kein weiteres »positives« diskursives Element sein, denn dann ließe es sich umstandslos in die Äquivalenzkette eingliedern und wäre also kein Außen. Es muss folglich von ganz anderer Natur sein als die Elemente der Kette, und Laclau und Mouffe schlagen vor, es als radikal *negatorisches* Außen zu beschreiben. Eine Äquivalenzkette stabilisiert sich in antagonistischer Abgrenzung gegenüber einem konstitutiven Außen, durch welches sich alle Elemente der Kette in ihrer Identität gleichermaßen negiert fühlen.[3]

Aus der diskurstheoretisch gewendeten Hegemonietheorie Gramscis entwickeln Laclau und Mouffe im Schlussteil ihres Buches schließlich Maßgaben für ein Projekt radikaler und pluraler Demokratie. Historischer Hintergrund dieses Projekts ist die Erfahrung der Neuen Sozialen Bewegungen, deren Auftreten in den 70er und 80er-Jahren zu beobachten war. Zu ihren wesentlichen Merkmalen gehörte, dass sie sich nicht mehr entlang von Klassenidentitäten organisierten und Forderungen erhoben, die in das Weltbild sozialistischer Klassenparteien nicht mehr umstandslos integrierbar waren. Laclau und Mouffe argumentieren, dass die Eigensinnigkeit etwa von feministischen, ökologischen oder pazifistischen Forderungen von jedem sozialistischen oder emanzipatorischen Projekt, will es erfolgreich sein, zu respektieren sei, dass also deren Subsumtion unter einen vermeintlichen Hauptwiderspruch nicht nur theoretisch fehlgeleitet, sondern auch politisch kontraproduktiv wäre. Zugleich warnen Laclau und Mouffe – gut gramscianisch – davor, von der Idee einer umfassenderen Allianz abzulassen, denn eine emanzipatorische Verschiebung des hegemonialen Kräftegleichgewichts ist nur dann möglich, wenn es zu Aggregationseffekten, zu Verknüpfungen einzelner und ansonsten vereinzelter sozialer Kämpfe zu breiteren Äquivalenzketten kommt. Ein emanzipatorisches politisches Projekt wird unter den gegenwärtigen historischen Bedingungen also den Balanceakt versuchen müssen, die zwei widersprüchlichen Prinzipien von Äquivalenz und Autonomie miteinander in Beziehung zu setzen. So trägt der von Laclau und Mouffe vorgeschlagene Name eines solchen Projekts diese unmögliche und dennoch notwendige Beziehung von Äquivalenz und Autonomie bereits im Titel: Radikale *und* plurale Demokratie. Hier finden wir gewissermaßen die Urfassung dessen, was Chantal Mouffe im vorliegenden Werk als demokratisches Paradox bezeichnet.

Es erscheint folgerichtig, dass die im letzten Teil von *Hegemony and Socialist Strategy* projektiv vorgeschlagene Konzeption hinsichtlich ihrer demokratietheoretischen Implikationen weiter befragt und ausgeleuchtet wurde. *Hegemony and Socialist Strategy*, entstanden in der ersten Hälfte der 80er-Jahre, war noch als heterodoxe Intervention in einen relativ orthodoxen marxistischen Diskussionszusammenhang gedacht, der sich nur wenige Jahre nach Erscheinen des Buches – nicht zuletzt aufgrund der weltpolitischen Ereignisse von 1989 – als zunehmend obsolet erweisen sollte. Viele der vormals heterodoxen Argumente, mit denen der Marxismus von innen dekonstruiert werden sollte, liefen nun bei vielen in der Linken offene Türen ein. So gewann aufgrund eines sich verändernden theoretischen und politischen Kontexts gerade der demokratietheoretische Teil des Buches – im Vergleich etwa zu dem genealogisch-historischen Teil, der sich mit marxistischer Theoriegeschichte auseinandersetzte und eine Theorie des *Post-Marxismus* entwickelt hatte – immer größere Aufmerksamkeit. Emblematisch wird dies an den Verschiebungen im Titel der deutschen Ausgabe von 1991 deutlich. Lautete der gesamte Titel der englischen Ausgabe noch *Hegemony and Socialist Strategy. Towards a Radical Democratic Politics*, so wurde daraus in der deutschen Version *Hegemonie und radikale Demokratie. Zur Dekonstruktion des Marxismus*. Die radikale Demokratie wanderte vom Untertitel in den Haupttitel, während die sozialistische Strategie gänzlich verschwand und einer Dekonstruktion des Marxismus Platz machte. Obwohl dieser Wechsel im Titel nicht mit den Autoren abgesprochen war, hielten diese ihn durchaus für eine gute Idee, die der Veränderung des Kontexts angemessen war.[4] Bereits bald nach Erscheinen der deutschsprachigen Ausgabe antwortete Chantal Mouffe auf die Frage, ob sie ihr Projekt immer noch als Post-Marxismus bezeichnen würde:

> Nein, ich möchte den Aspekt radikaler Demokratie betonen, nicht den Aspekt des Post-Marxismus. (...) Heute würde ich die marxistische Komponente sicherlich weniger betonen. In gewisser Weise war *Hegemony and Socialist Strategy* eine Möglichkeit, unser Verhältnis zum Marxismus zu klären, und was dabei heraus kam, war ein Projekt radikaler Demokratie.[5]

Mouffes Demokratietheorie besitzt also sehr spezifische Ursprünge; sie entsteht als eine Art Desintegrationsprodukt des Marxismus, hält an dessen gramscianischer Traditionslinie jedoch fest, während sie zugleich die Debatte mit bürgerlichen Demokratietheorien aufnimmt. So entwickelt Mouffe in ihrem späteren Werk in Auseinandersetzung mit Liberalismus und Kommunitarismus die in *Hegemony* projektiv vorgeschlagene Demokratiekonzeption zur Idee eines »agonistischen Pluralismus« oder einer »agonistischen Demokratie« weiter. Nun erfährt die Differenz zwischen liberaler und demokratischer Revolution – in ihrer kategorialen wie in ihrer historischen Dimension – eine stärkere Betonung. Die Charakterisierung moderner Demokratie, wie sie sich in den letzten zweihundert Jahren im Westen entwickelt hat, als repräsentativ, parlamentarisch, pluralistisch, konstitutionell oder liberal greife allemal zu kurz. Das spezifisch Moderne an dieser Form der Demokratie sei mit diesen Prädikaten noch nicht beschrieben. An Claude Lefort und an C. B. MacPhersons Theorie des liberalen Besitzindividualismus anschließend betont Mouffe, dass jenes Merkmal, welches die moderne Demokratie wirklich *modern* mache, in der Wiederkehr des alten demokratischen Prinzips der Volkssouveränität liege. Doch kehrt das Prinzip der Volkssouveränität wieder unter veränderten Bedingungen und bedeutet folglich etwas anderes. Denn nun wird es in Auseinandersetzung mit der liberalen Diskurshoheit formuliert, mit der individuelle Freiheits- und Menschenrechte betont werden und mit der Trennung zwischen Kirche und Staat wie auch zwischen einem privaten und einem öffentlichen Raum genauso durchgesetzt wurde wie die Idee des Rechtsstaats. All das sei der liberalen, nicht der demokratischen Tradition entsprungen, deren zentrale Werte der Gleichheit und Volkssouveränität der liberalen Tradition gegenüber heterogen sind, in gewissem Ausmaß sogar quer zu letzterer stehen. Was also modern an der modernen Demokratie ist, das ist die Artikulation zweier heterogener Traditionen: der liberalen, die nicht notwendigerweise demokratisch ist, und der demokratischen, die nicht notwendigerweise liberal ist.

Mouffes Argument zielt auf eine Wiederbewusstmachung der kontingenten Natur dieser Artikulation, denn heute werde Demokratie fast ausschließlich mit der Verteidigung des Rechtsstaats und der Menschenrechte identifiziert, während das Element der Volkssouveränität als obsolet gelte. Von einem »Demokratiedefizit« könne vor allem deshalb gesprochen werden, weil selbst noch die liberale Demokratieversion ihre Legitimität aus der Idee der Volkssouveränität zieht, auf die sich, wird sie vom politischen Mainstream ad acta gelegt, schließlich rechtspopulistische Politiker beziehen, um sie gegen die Institutionen liberaler Demokratie zu wenden. Mouffe spricht sich also nicht gegen liberal-demokratische Institutionen (des Rechtsstaats etc.) aus, ja sie verlangt sogar deren Festigung angesichts des Erfolgs europäischer Rechtspopulisten. Sie weist darauf hin, dass die gegenwärtige Demokratieversion liberaler Prägung, die bis zur weitgehenden Verwerfung der Idee der Volkssouveränität führte, selbst den Weg für rechtspopulistische Reartikulationen geöffnet hat. So löst sich das »Volk«-als-Souverän keineswegs in den institutionellen Prozeduren liberaler Demokratie restlos auf, sondern es kehrt wieder in völkischer Gestalt. Die Verwerfung demokratischer Volkssouveränität ebnet der Rückkehr eines substantiell gefassten »Volkskörpers« den Weg: Der *demos* verwandelt sich in den *ethnos*. Wenn aber moderne Demokratie durch die *gemeinsame* Artikulation von liberaler und demokratischer Logik charakterisiert ist, dann kann weder Volkssouveränität grenzenlos, d.h. uneingeschränkt durch liberale Institutionen, herrschen,[6] noch können liberale Institutionen ohne das demokratische Prinzip der Volkssouveränität ihr Auslangen finden. Wenn also Mouffe sagt, die moderne Demokratie gründe auf einem Paradoxon, dann besteht deren paradoxale Natur genau darin, dass beide Logiken, liberale und demokratische, in letzter Instanz unvereinbar bleiben und doch unter modernen Bedingungen miteinander artikuliert werden müssen – bei Strafe des Niedergangs der liberalen Demokratie, d.h. moderner Demokratie als solcher.

Mouffes Argument, das nach wie vor als Argument für ein radikaldemokratisches politisches Projekt verstanden werden kann, insofern es für die Stärkung des demokratischen Elements der Volkssouveränität innerhalb des Frameworks liberaler Institutionen plädiert, verfährt immer noch hegemonietheoretisch, auch wo es in die internationalen Debatten politischer Philosophie, besonders jene zwischen

Kommunitarismus und Liberalismus, interveniert und sich ihnen terminologisch angleicht. Denn Mouffe insistiert, dass das demokratische Paradoxon, also die unauflösliche Spannung zwischen der liberalen und der demokratischen »Grammatik« moderner Demokratie, in seinem (Un-)Gleichgewicht jeweils neu ausgehandelt werde. Gegenwärtig, das ist unbestreitbar, hat sich das hegemoniale Verhältnis deutlich zugunsten der liberalen Seite und bis hin zur Unkenntlichkeit der demokratischen verschoben. Und war bis vor kurzem die Spannung zwischen Freiheit und Gleichheit öffentlich noch halbwegs bewusst, so ist mit der Stabilisierung der Hegemonie des Neoliberalismus – mitsamt seiner Dogmen von den Segnungen des freien Spiels der Marktkräfte, in die man nicht eingreifen dürfe – nicht nur das Bewusstsein von der Notwendigkeit jener »anderen Seite« der Volkssouveränität geschwunden, sondern das Bewusstsein von der Möglichkeit einer Alternative zur hegemonialen Machtkonfiguration überhaupt. Wo dieses Bewusstsein aber verschwindet, so Mouffe, dort verschwindet auch die Möglichkeit der Formulierung legitimen Widerstands gegen die herrschenden Machtverhältnisse.

Diese Naturalisierung neoliberaler Hegemonie zum »only game in town« drückt sich symptomatisch aus in der blairistischen Politik des »Dritten Weges« und der weitgehenden Übernahme neoliberaler Dogmen durch die europäische Sozialdemokratie. Statt die neoliberal gefestigten Machtverhältnisse zu thematisieren und aufzubrechen, begnügt sich die heutige Sozialdemokratie mit kleinen Adjustierungen im hegemonialen Diskurs des Neoliberalismus (wo sie ihn nicht selbst befördert). Hinzu kommt, dass die Verleugnung des Antagonismus und der Legitimität von Konflikt durch die Politik des »Dritten Weges« zugleich depolitisierend und entdemokratisierend wirkt. Die das Imaginäre der demokratischen Revolution definierende Ausweitung der Räume der Freiheit und Gleichheit kann nur das Ergebnis emanzipatorischer Kämpfe sein. Wo jedoch die Legitimität politischer Antagonismen als solche in Frage gestellt wird, dort finden diese Kämpfe keinen Ansatzpunkt mehr. Die mit der Verleugnung des Antagonismus einhergehende Depolitisierung schafft somit zugleich die Voraussetzung für einen potentiellen Stop und schließlich Rückbau der demokratischen Revolution. Diese »post-politische Vision« ignoriere die Spezifik moderner Demokratie, die in der Anerkennung von Konflikt besteht, nicht in dessen Verleugnung. Aus Perspektive eines emanzipatorischen hegemonialen Projekts müsse das agonistische Element der Demokratie erneut betont werden; zugleich müsse ein solches Projekt nach wie vor aus der Verknotung einzelner emanzipatorischer Kämpfe erwachsen.

Ein solches emanzipatorisches Projekt, so muss man schließen, kann vernünftigerweise nicht *gegen* die demokratische Revolution gerichtet sein. Für Mouffe ist klar, dass keine radikaleren Ressourcen zu Verfügung stehen, als jene, die von der modernen Demokratie bereitgestellt werden (selbst wenn zugleich deren umfassende Einlösung blockiert wird): Freiheit und Gleichheit für alle. Die angemessene Antwort auf die immer stärker werdenden Tendenzen der *Entdemokratisierung* vieler Lebensbereiche besteht daher nicht in der resignativen Abwendung von den Prinzipien moderner Demokratie, sondern in deren Stärkung und Radikalisierung. Ein Projekt radikaler Demokratie im Sinne Mouffes bestünde somit in nicht mehr, aber auch nicht weniger als der Demokratisierung von Demokratie selbst.

ANMERKUNGEN

[1] Chantal Mouffe: »Hegemony and Ideology in Gramsci«, in dies. (Hg.): *Gramsci and Marxist Theory*, London 1979, S.168-204.

[2] Ebd., S.201.

[3] Dabei wird es sich immer nur um eine temporäre und partielle Stabilisierung handeln, denn obwohl das negatorische Außen die Allianz der Elemente zuallererst hervorbringt, destabilisiert es sie auch. Im Unterschied zu simplistischeren Konflikt- und Freund/Feind-Theorien beschreibt die Kategorie des Antagonismus also kein positives Verhältnis zwischen zwei einander gegenüberstehenden Kräften, sondern ein *unmögliches* Verhältnis, in dem die Identität einer hegemonialen Kraft auf eine äußere Instanz verwiesen bleibt, von der sie zugleich in ihrem Inneren disloziert wird.

[4] Chantal Mouffe im Gespräch mit Oliver Marchart, in *Mesotes* 3/1993, S.407-413.

[5] Ebd., S.407.

[6] Deshalb, so muss man schließen, richtet sich die von rassistischen Parteien angestrebte Aushebelung der liberalen Institutionen der Menschenrechte und des Rechtsstaats zugunsten einer substantiell gefassten Vorstellung von Volkssouveränität nicht allein gegen die liberale Tradition, sondern zugleich auch gegen die demokratische.

Das demokratische Paradox

Chantal Mouffe

Vorwort

Die in diesem Band versammelten Aufsätze wurden im Lauf von fünf Jahre verfasst. Die meisten wurden bereits an anderer Stelle veröffentlicht, manche in unterschiedlichen Versionen. Ein Aufsatz wurde auf einer Konferenz präsentiert und erscheint hier erstmalig gedruckt. Einführung und Konklusion wurden für dieses Buch verfasst, aber beinhalten Ideen, die in verschiedenen, hier nicht aufgenommenen Artikeln entwickelt wurden.

Ich bin mir der Tatsache bewusst, dass das hinsichtlich der zentralen Themen ein gewisses Ausmaß an Wiederholungen mit sich bringt. Wenn ich mich entschieden habe, die Aufsätze in ihrer ursprünglichen Form zu belassen, dann weil es unmöglich gewesen wäre, solche Wiederholungen zu streichen, soll die Verständlichkeit des in jedem entsprechenden Text vorgebrachten Arguments gewahrt bleiben.

Die in *Das demokratische Paradox* diskutierten Themen stellen eine Fortführung jener Überlegungen dar, die gemeinsam mit Ernesto Laclau in *Hegemonie und radikale Demokratie* aufgenommen und später in *The Return of the Political* weitergeführt wurden. Die politischen Ereignisse seit der Publikation dieses letzten Buches, die eine verstärkte Tendenz sozialdemokratischer Parteien gezeigt haben, sich in Richtung einer Konsenspolitik der Mitte zu bewegen, haben mich in der Überzeugung bestärkt, dass die politische Theorie dringend eine Alternative zu dem in der politischen Theorie bislang dominanten Rahmenwerk entwickeln muss.

Um die fundamentalen Schwachstellen des »Dritten Weges« zu verstehen, ist es erforderlich, sich der konfliktorischen Natur der Politik und der Unauslöschbarkeit des Antagonismus zu stellen, was besonders vom zunehmend modischen Ansatz »deliberativer Demokratie« tunlichst verleugnet wird.

Während ich diese Texte zur Publikation durchsah, bemerkte ich, dass alle – wenn auch auf unterschiedliche Weise – die paradoxe Natur der modernen liberalen Demokratie unterstrichen. Da die Abneigung gegen Paradoxa unter den rationalistischen Denkern, mit denen ich mich auseinandersetze, weit verbreitet ist, beschloss ich, dass dies der Aspekt meiner gegenwärtigen Arbeit war, den es zu betonen galt. Von daher der Titel dieses Sammelbandes.

Einführung: Das demokratische Paradox

Alle in diesem Band versammelten Aufsätze behandeln, wenn auch auf unterschiedliche Art, was ich »das Paradox« moderner Demokratie nenne, und sie bemühen sich, deren verschiedene politische und theoretische Implikationen zu untersuchen. Meine Betrachtung beginnt mit einer Untersuchung der Natur moderner Demokratie, die meines Erachtens weit davon entfernt ist, bereits vollständig ausgeleuchtet worden zu sein. Beginnen wir mit der Frage: Wie lässt sich der neue Demokratietypus, der in den vergangenen zwei Jahrhunderten im Westen etabliert wurde, am besten bezeichnen? Eine Vielzahl von Begriffen wurde verwendet: moderne Demokratie, repräsentative Demokratie, parlamentarische Demokratie, pluralistische Demokratie, konstitutionelle Demokratie, liberale Demokratie. Für manche besteht der Hauptunterschied zur antiken Demokratie in der Tatsache, dass in größeren und komplexeren Gesellschaften direkte Formen demokratischer Herrschaft nicht länger möglich sind; aus diesem Grund müssten moderne Demokratien repräsentativ sein. Andere wie Claude Lefort bestehen auf der symbolischen Transformation, die das Heraufkommen moderner Demokratie möglich machte: »die Auflösung der Zeichen der Sicherheit«.[1] Aus seiner Sicht erfahren Macht, Recht und Wissen in der modernen demokratischen Gesellschaft ihre grundlegende Unbestimmtheit. Dies ist das Ergebnis der »demokratischen Revolution«, die zum Verschwinden einer Macht führte, die in der Person des Königs verkörpert und an eine transzendente Autorität geknüpft war. Eine neue Art der Institution des Sozialen wurde damit inauguriert, mit der Macht zu einem »leeren Ort« wurde.

Ähnlich wie Lefort halte ich es für wesentlich, das Erscheinen eines neuen symbolischen Bezugssystems und die moderne Unmöglichkeit der Grundlegung einer letzten Garantie, einer definitiven Legitimation, zu betonen. Statt allerdings die moderne Form der Demokratie einfach mit dem leeren Ort der Macht zu identifizieren, würde ich die Unterscheidung zwischen den beiden folgenden Aspekten ebenfalls betonen: zwischen einerseits der Demokratie als einer Herrschaftsform, also dem Prinzip der Volkssouveränität; und andererseits dem symbolischen Bezugssystem, in dem diese demokratische Herrschaft ausgeübt wird. Das Neue an der modernen Demokratie, das, was sie also eigentlich »modern« macht, besteht darin, dass mit dem Aufkommen der »demokratischen Revolution« das alte demokratische Prinzip, Macht solle vom »Volk« ausgeübt werden, wieder auftaucht, dieses Mal allerdings innerhalb eines symbolischen Rahmens, der vom liberalen Diskurs mit seiner starken Betonung des Wertes individueller Freiheit und der Menschenrechte informiert ist. Diese Werte sind für die liberale Tradition zentral und zugleich konstitutiv für die moderne Weltsicht. Dennoch sollte man sie nicht einfach der demokratischen Tradition einverleiben, deren Kernwerte Gleichheit und Volkssouveränität sich unterscheiden. Tatsächlich haben die für die Politik des Liberalismus zentrale Trennung von Kirche und Staat, von öffentlichem und privatem Raum, sowie die eigentliche Idee des Rechtsstaates ihren Ursprung nicht im demokratischen Diskurs, sondern kommen von anderswo.

Aus diesem Grund ist die Einsicht entscheidend, dass wir es bei der modernen Demokratie mit einer politischen Form von Gesellschaft zu tun haben, deren Spezifik aus der Artikulation zweier unterschiedlicher Traditionen resultiert. Auf der einen Seite haben wir die liberale Tradition, die von Rechtsstaatlichkeit, der Verteidigung der Menschenrechte und dem Respekt vor individueller Freiheit gekennzeichnet ist, auf der anderen die demokratische Tradition, deren Hauptideen jene der Gleichheit, der Identität zwischen Regierenden und Regierten und der Volkssouveränität sind. Es gibt kein notwendiges Verhältnis zwischen diesen beiden unterschiedlichen Traditionen, sondern nur eine kontingente historische Artikulation. Durch solch eine Artikulation wurde, wie C.B. MacPherson gerne betonte, der Liberalismus demokratisiert und die Demokratie liberalisiert. Vergessen wir nicht, dass die Einheit zwischen Demokratie und Liberalismus, die wir heute als selbstverständlich annehmen, das Resultat bitterer Kämpfe und nicht etwa eines glatt ablaufenden Prozesses war. Viele Liberale und viele Demokraten waren sich des Konfliktes zwischen ihren jeweiligen Logiken und der Grenzen, die die liberale Demokratie der Realisierung ihrer eigenen Ziele setzte, vollauf bewusst. In Wahrheit haben beide Seiten dauernd versucht, ihre Regeln auf eine Weise auszulegen, die ihren eigenen Absichten am nächsten kam. Aus theoretischer Sicht haben manche Liberale wie F.A. Hayek argumentiert, Demokratie sei »im wesentlichen ein Mittel, utilitaristisches Werkzeug zur Bewahrung des inneren Friedens und der individuellen Freiheit«.[2] Als solche war sie nützlich, solange sie nicht liberale Institutionen bedrohte, musste aber ausgeschaltet werden, sobald sie das tat. Andere Liberale folgten einer anderen Strategie und argumentierten, dass die Leute, würden sie auf »rationale Weise« entscheiden, sich nicht gegen Rechte und Freiheiten wenden könnten und, sollten sie es doch tun, ihrem Urteil keine Legitimität zukomme. Auf der anderen Seite hätten Demokraten die liberalen Institutionen gerne als »formale bürgerliche Freiheiten« abgetan und für deren Ersetzung durch direkte Formen der Demokratie, in der dem Ausdruck des Volkswillens keine Grenzen gesetzt wären, gekämpft.

Heute besteht die vorherrschende Tendenz darin, Demokratie fast gänzlich mit dem Rechtsstaat und der Verteidigung der Menschenrechte zu identifizieren und das Element der Volkssouveränität, das als obsolet erachtet wird, beiseite zu lassen. Damit wurde ein »Demokratiedefizit« erzeugt, das, betrachtet man die zentrale Rolle der Idee der Volkssouveränität im demokratischen Imaginären, sehr gefährliche Auswirkungen auf die Bindungskraft demokratischer Institutionen haben kann. Die Legitimität der liberalen Demokratie basiert auf der Idee der Volkssouveränität, und wie die Mobilisierung solch einer Idee durch rechtspopulistische Politiker belegt, wäre es ein schwerer Fehler zu glauben, die Zeit sei einfach über diese Idee hinweggegangen. Liberal-demokratische Institutionen sollten nicht als gegeben angesehen werden: Es ist immer notwendig, sie auszubauen und zu verteidigen. Das erfordert ein Verständnis ihrer spezifischen Dynamiken und die Anerkennung der Spannung, die aus ihren unterschiedlichen Logiken resultiert. Nur wenn wir mit dem demokratischen Paradox umgehen lernen, werden wir auch damit zurande kommen.

Wie meine Diskussion der Thesen Carl Schmitts in Kapitel 2 deutlich macht, beinhalten demokratische Logiken immer das Ziehen einer Grenze zwischen »uns« und »ihnen«, zwischen jenen, die zum »Demos« gehören, und jenen, die außerhalb sind. Dies ist die Bedingung für die eigentliche Ausübung demokratischer Rechte. Sie erzeugt notwendigerweise eine Spannung mit der liberalen Betonung des Respekts vor den »Menschenrechten«, denn es gibt keine Garantie, dass eine Entscheidung, die durch demokratische Prozeduren zustande kam, nicht einige existierende Rechte bedrohen wird. In einer liberalen Demokratie werden der Ausübung der Volkssouveränität immer Grenzen gesetzt. Diese Grenzen werden gewöhnlich so präsentiert, als würden sie den eigentlichen Rahmen für die Respektierung der Menschenrechte bereitstellen und als wären sie nicht verhandelbar. In Wirklichkeit sind sie Ausdruck der vorherrschenden Hegemonie und somit anfechtbar, da sie von der Weise abhängen, in der »Menschenrechte« zu jedem bestimmten Zeitpunkt definiert und interpretiert werden. Was in einer liberalen Demokratie nicht angefochten werden kann, ist die Idee, dass es legitim ist, der Volkssouveränität im Namen der Freiheit Grenzen zu setzen. Daher ihre paradoxe Natur.

Ein zentrales Argument dieses Buchs lautet, dass demokratische Politik dringend verstehen muss, dass liberale Demokratie aus der Artikulation zweier Logiken resultiert, die in letzter Instanz inkompatibel sind, und es keinen Weg gibt, auf dem sie restlos miteinander versöhnt werden könnten. Oder um es auf Wittgensteinische Weise zu fassen: Es herrscht eine konstitutive Spannung zwischen ihren korrespondierenden »Grammatiken«, eine Spannung, die nie aufgelöst, sondern immer nur auf unterschiedliche Weise verhandelt werden kann. Aus diesem Grund war die liberal-demokratische Herrschaftsform immer der Ort von Kämpfen, die als Antriebskraft hinter historischen politischen Entwicklungen standen. Die Spannung zwischen den beiden Komponenten kann nur vorübergehend durch pragmatische Verhandlungen zwischen politischen Kräften stabilisiert werden, die immer die Hegemonie einer Seite etablieren werden. Bis vor kurzer Zeit wurde die Existenz streitender Kräfte offen anerkannt, erst heute, nachdem die eigentliche Idee einer möglichen Alternative zur existierenden Ordnung diskreditiert wurde, herrscht die unter der Hegemonie des Neoliberalismus realisierte Stabilisierung praktisch unangefochten.

Sobald als selbstverständlich erachtet wird, dass die Spannung zwischen Gleichheit und Freiheit nicht aufgelöst werden kann und es immer nur kontingente, hegemoniale Stabilisierungsformen ihres Konflikts geben kann, wird klar, dass wenn einmal die Idee einer Alternative zur existierenden Machtkonfiguration verschwunden ist, auch die Möglichkeit legitimer Ausdrucksformen des Widerstands gegen die dominanten Machtverhältnisse verschwindet. Der status quo wurde naturalisiert und präsentiert sich als natürlicher Lauf der Dinge. Genau das geschah mit dem gegenwärtigen Zeitgeist, dem so genannten »Dritten Weg«, mit dem die Sozialdemokratien nicht anderes tun, als ihre Kapitulation vor einer neoliberalen Hegemonie zu rechtfertigen, deren Machtverhältnisse sie nicht herausfordern wollen, und sich stattdessen mit ein paar kleinen Adjustierungen begnügen, um den Leuten dabei zu helfen, mit dem angeblich unausweichlichen Schicksal der »Globalisierung« zurecht zu kommen.

Ich möchte betonen, dass das Ziel der in diesem Band versammelten Aufsätze zugleich politisch und theoretisch ist. Aus politischer Sicht leitet mich die Überzeugung, dass die unherausgeforderte Hegemonie des Neoliberalismus eine Gefahr für demokratische Institutionen darstellt. Neoliberale Dogmen des unantastbaren Rechts auf Eigentum, der allumfassenden Tugenden des Marktes und der Gefahren, die Eingriffe in diesen mit sich bringen würden, sind in den liberaldemokratischen Gesellschaften heute common sense und haben tief greifende Auswirkungen auf die Linke, da viele Linksparteien nach rechts wandern und sich euphemistisch als »Mitte-Links« neu beschreiben. Auf vergleichbare Weise akzeptieren Blairs »Dritter Weg« und Schröders »Neue Mitte«, beide inspiriert von Clintons Strategie der »Triangulation«, das von ihren neoliberalen Vorgängern definierte Terrain. Aus Unfähigkeit oder Unwilligkeit, eine Alternative zur gegenwärtigen hegemonialen Formation in den Blick zu bekommen, verfechten sie eine Form der Politik, die »jenseits von links und rechts« zu liegen vorgibt – Kategorien, die als überkommen dargestellt werden. Ihr Ziel besteht in der Erzeugung eines »Konsenses im Zentrum«, der zum einzigen Politiktypus erhoben wird, der der neuen Informationsgesellschaft angemessen sei, während alle, die sich ihrem »Modernisierungsprojekt« entgegenstellen, als »Kräfte der Bewahrung« abgetan werden. Wenn wir allerdings, wie ich in Kapitel 5 zeige, an ihrer Rhetorik kratzen, werden wir bald feststellen, dass sie ganz einfach den traditionellen Kampf der Linken um Gleichheit aufgegeben haben. Unter dem Vorwand, demokratische Forderungen überdenken und aktualisieren zu wollen, verschleiern ihre Forderungen nach »Modernisierung«, »Flexibilisierung« und »Verantwortung« nur ihre Weigerung, die Forderungen popularer Sektoren zu berücksichtigen, die aus ihrer politischen und gesellschaftlichen Prioritätenliste gestrichen wurden. Oder noch schlimmer, diese werden zurückgewiesen als »anti-demokratisch«, »rückschrittlich« und als Überbleibsel eines durch und durch diskreditierten »altlinken« Projekts. In dieser zunehmend »eindimensionalen« Welt, in der jede Möglichkeit auf Veränderung der Machtverhältnisse ausradiert wurde, überrascht es nicht, wenn rechtspopulistische Parteien in verschiedenen Ländern Erfolge verzeichnen. In vielen Fällen sind sie die einzigen, die den »Konsens der Mitte« aufkündigen und den Raum für Herausforderung zu besetzen versuchen, der von der Linken verlassen wurde. Besonders beunruhigend ist die Tatsache, dass große Teile der Arbeiterklasse das Gefühl haben, ihre Interessen seien eher bei solchen Parteien aufgehoben als bei den Sozialdemokraten. Haben sie einmal das Vertrauen in den traditionellen demokratischen Prozess verloren, werden sie zu leichter Beute für die Demagogen der Rechten.

Diese politische Situation, charakterisiert vom Abfeiern der konsenspolitischen Werte des Zentrums, beeinflusst meine theoretische Fragestellung. Aus diesem Grund betone ich besonders die negativen Folgen, zu denen es kommen kann, wenn das Ideal der Demokratie in der Realisierung eines »rationalen Konsenses« gesehen wird, sowie in der gleichzeitigen Illusion, links und rechts wären keine angemessenen Kategorien demokratischer Politik mehr. Im Unterschied zu den Behauptungen der Theoretiker des »Dritten Weges« bin ich überzeugt, dass das Verwischen der Grenze zwischen links und rechts keineswegs einen Fortschritt in eine demokratische Richtung darstellt, sondern vielmehr die Zukunft der Demokratie bedroht.

In diesem Band möchte ich untersuchen, auf welche Weise politische Theorie dazu beitragen könnte, diesen toten Punkt zu überwinden und einige Voraussetzungen für einen möglichen Ausgang aus der gegenwärtigen Zwickmühle aufzuzeigen. Ein signifikanter Aspekt meiner Überlegungen besteht darin, die Defizite des dominanten Ansatzes in der Demokratietheorie herauszustreichen, der, wie ich argumentiere, nicht in der Lage ist, einem solchen Unterfangen die notwendigen Instrumente bereitzustellen. Meine Untersuchung der Probleme dieses Ansatzes bringt mich zu der Schlussfolgerung, dass das »Konsensmodell« von Demokratie, das sowohl die Theorien »deliberativer Demokratie« als auch die Programme für eine Politik des »Dritten Wegs« vertreten, die Dynamik moderner demokratischer Politik nicht fassen kann, die in der Konfrontation der beiden Komponenten liberal-demokratischer Artikulation besteht. Anders gesagt, die

Unfähigkeit der Theoretiker und Politiker der Demokratie, das Paradox anzuerkennen, dessen Ausdruck liberal-demokratische Politik ist, steht am Ursprung ihrer fehlgeleiteten Betonung von Konsens und liegt ihrem Glauben zugrunde, Antagonismus könne überwunden werden. Dieser Denkfehler behindert die Ausarbeitung eines adäquaten Modells demokratischer Politik.[3]

Im Feld der politischen Theorie ist das besonders evident in den in Kapitel 4 diskutierten jüngsten Versuchen von John Rawls und Jürgen Habermas, Demokratie mit Liberalismus zu versöhnen. Beide Autoren behaupten, die Lösung des Problems der Kompatibilität von Freiheit und Gleichheit, das liberal-demokratisches Denken seit seinen Anfängen begleitet, gefunden zu haben. Zweifellos unterscheiden sich ihre Lösungen voneinander, aber sie teilen die Vorstellung, dass es mit Hilfe angemessener deliberativer Prozeduren möglich sein sollte, den Konflikt zwischen individuellen Rechten und Freiheiten einerseits und den Forderungen nach Gleichheit und popularer Partizipation andererseits zu überwinden. Habermas zufolge würde solch ein Konflikt zu existieren aufhören, realisierte man die »Gleichursprünglichkeit« der fundamentalen Menschenrechte und der Volkssouveränität. Aber, wie ich andeute, bringen weder Rawls noch Habermas eine zufrieden stellende Lösung zustande, da jeder von ihnen eine Dimension gegenüber der anderen privilegiert: Liberalismus im Falle von Rawls, Demokratie im Falle von Habermas. Ausgehend von der Unmöglichkeit einer ultimativen Versöhnung zwischen den beiden Logiken, die konstitutiv für die liberale Demokratie sind, konnte dieses Scheitern natürlich erwartet werden, und es ist höchste Zeit für die politische Demokratietheorie, diese Art steriler Suche aufzugeben. Nur wenn die paradoxe Natur der Demokratie akzeptiert wird, lässt sich moderne demokratische Politik auf angemessene Weise in den Blick bringen: nicht als Suche nach einem unzugänglichen Konsensus – erreichbar nur durch irgendwelche Prozeduren -, sondern als eine »agonistische Konfrontation« zwischen konfligierenden Interpretationen der konstitutiven liberal-demokratischen Werte. In solch einer Konfrontation spielt die links/rechts-Konfiguration eine zentrale Rolle, und die Illusion, demokratische Politik könnte sich ohne diese organisieren, kann nur desaströse Konsequenzen haben.

In Kapitel 4 schlage ich vor, liberale Demokratie in Begriffen des »agonistischen Pluralismus« neu zu beschreiben (um es auf Rorty'sche

Weise zu fassen). Dies, behaupte ich, ist der beste Weg, um die Spannung zwischen ihren konstitutiven Elementen anzuerkennen und auf produktive Weise nutzbar zu machen. Ich stimme daher nicht mit jenen überein, die behaupten, dass wir, würden wir die Unmöglichkeit der Versöhnung zwischen den beiden Traditionen akzeptieren, dazu verurteilt wären, Carl Schmitts Verdikt bezüglich der liberalen Demokratie zu unterschreiben, seine These nämlich, diese sei eine nicht-existenzfähige Regierungsform, da Liberalismus Demokratie und Demokratie Liberalismus negiere. Während Schmitts Kritik meiner Ansicht nach wichtige Einsichten formuliert und ernst genommen werden sollte, ist meine Position, wie sie in Kapitel 2 entwickelt wird, dass diese letztliche Unversöhnbarkeit nicht im Modus des Widerspruchs visualisiert werden sollte, sondern besser als der Ort eines Paradoxons. Ich behaupte, dass Schmitt zwar recht daran tut, die unterschiedlichen Weisen zu beleuchten, in denen die universalistische liberale Logik im Widerspruch zur demokratischen Konzeption der Gleichheit steht, dass uns das aber nicht dazu zwingt, eine der beiden Traditionen aufzugeben. Deren Artikulation als Resultat einer paradoxen Konfiguration zu verstehen, ermöglicht ein Verständnis der Spannung zwischen den beiden Logiken in positiver Hinsicht – und nicht im Sinne eines destruktiven Widerspruchs. Tatsächlich behaupte ich, dass die Anerkennung dieses Paradoxons uns zu verstehen erlaubt, worin die wirklichen Stärken liberaler Demokratie liegen.

Mit seiner konstanten Hinterfragung der Einschluss/Ausschluss-Verhältnisse, die die politische Konstitution »des Volkes« – ihrerseits erfordert zur Ausübung von Demokratie – impliziert, spielt der Diskurs der Menschenrechte eine wichtige Rolle, um demokratische Prozesse der Herausforderung am Leben zu halten. Andererseits können nur aufgrund der demokratischen Logik der Äquivalenz Grenzen erzeugt und ein Demos etabliert werden, ohne welchen eine wirkliche Ausübung von Rechten unmöglich wäre.

Man muss jedoch betonen, dass diese Spannung zwischen Demokratie und Liberalismus nicht so verstanden werden sollte, als würde sie zwischen zwei Prinzipien bestehen, die einander vollständig äußerlich gegenüberstehen, und als würde diese Spannung zwischen diesen Prinzipien einfache Aushandlungsverhältnisse herstellen. Würde man die Spannung auf diese Weise verstehen, hätte man einen sehr simplistischen Dualismus erzeugt. Man sollte die Spannung eher als etwas verstehen, das ein Verhältnis nicht des *Aushandelns*, sondern der *Verunreinigung* erzeugt, insofern jedes der beiden Prinzipien, sobald die Artikulation zwischen ihnen – wenn auch auf prekäre Weise – hergestellt wurde, die Identität des jeweils anderen verändert. Die aus diesem Artikulationsprozess resultierenden Regimes kollektiver Identitäten sind als konfigurierte Ensembles immer mehr als die Addition ihrer internen Elemente. Wie immer im sozialen Leben gibt es eine »gestaltische« Dimension, die entscheidend ist, wenn es um die Wahrnehmung und das Verhalten kollektiver Subjekte geht.

Die Dynamik liberal-demokratischer Politik als Raum eines Paradoxons zu visualisieren, dessen Effekt es ist, sowohl totale Schließung als auch totale Verstreuung zu verhindern, deren Möglichkeit den Grammatiken von Demokratie und Liberalismus eingeschrieben ist, eröffnet viele interessante Möglichkeiten. Sicher, indem die volle Verwirklichung ihrer respektiven Logiken verhindert wird, stellt diese Artikulation ein Hindernis für deren vollständige Realisierung dar; perfekte Freiheit und perfekte Gleichheit werden gleich unmöglich. Doch dies ist die eigentliche Bedingung der Möglichkeit einer pluralistischen Form menschlicher Koexistenz, in der Rechte existieren *und* ausgeübt werden können, in der Freiheit und Gleichheit irgendwie zusammen existieren können. Ein solches Verständnis von liberaler Demokratie wird allerdings genau vom rationalistischen Ansatz ausgeschlossen, der, statt die Unauslöschbarkeit dieser Spannung anzuerkennen, Wege zu finden versucht, um sie auszulöschen. Aus diesem Grund muss man die Illusion aufgeben, ein rationaler Konsensus, in dem solch eine Spannung aufgehoben wäre, sei jemals erreichbar. Und man muss verstehen, dass pluralistische, demokratische Politik in pragmatischen, prekären und notwendigerweise instabilen Formen der Verhandlung ihres konstitutiven Paradoxons besteht.

Dieser Umgang mit der paradoxen Natur liberaler Demokratie erfordert den Bruch mit der herrschenden, rationalistischen Sichtweise und ruft nach einem theoretischen Rahmen, der die Unmöglichkeit der Konstitution einer Form sozialer Objektivität anerkennt, die nicht auf einem ursprünglichen Ausschluss gegründet wäre. Aus diesem Grund besteht ein durchlaufender Faden meiner Argumentation darin, die Bedeutung eines nicht-essentialistischen Ansatzes – informiert von Poststrukturalismus und Dekonstruktion – für ein wirkliches Verständnis von Demokratie hervorzuheben. Eine Schlüsselthese meines Werks ist seit längerer Zeit, dass ein rationalistischer Ansatz notwendigerweise blind gegenüber »dem Politischen« in seiner Dimension als Antagonismus bleiben muss und dass solch eine Ausblendung sehr ernsthafte Konsequenzen für demokratische Politik besitzt. Solch ein Blickwinkel wurde bereits in *Hegemonie und radikale Demokratie*[4] und in *The Return of the Political*[5] eingeführt, und mehrere Kapitel in diesem Buch stellen eine Fortführung dieser Analysen dar. In Kapitel 3 untersuche ich, was meiner Ansicht nach Wittgensteins ausgesprochen wichtiger Beitrag für die Ausarbeitung eines nicht-rationalistischen Zugangs zu politischer Theorie ist. Ich zeige, dass wir im späten Wittgenstein viele Einsichten finden, die uns konzeptualisieren helfen, wie die Bindungskraft demokratischer Werte nicht durch rationale Argumentation erzeugt werden kann, sondern durch ein Ensemble von Sprachspielen, die demokratische Formen der Individualität konstruieren. Im Unterschied zur gegenwärtigen – und aus meiner Sicht grundlegend fehlgeleiteten – Suche nach einer auf Rationalität gegründeten Form von Legitimität repräsentiert Wittgensteins Vorstellung, dass Zustimmung durch Partizipation in gemeinsamen Lebensformen erreicht wird, eine Form von »Einstimmung« und nicht von »Einverstand«[6], eine bahnbrechende Perspektive. Gleichermaßen wichtig für einen wirklich pluralistischen Zugang ist seine Konzeption des »Regelbefolgens«, die, wie ich behaupte, uns dabei helfen kann, die Unterschiedlichkeit der Formen, in denen das demokratische Spiel gespielt werden kann, in den Blick zu bekommen.

Die Arbeit Jacques Derridas ist ebenfalls von Bedeutung für mein Projekt. In diesem Fall ist es der Begriff des »konstitutiven Außen«, der mir zu betonen hilft, wie nützlich ein dekonstruktiver Zugang sein kann, will man den Antagonismus verstehen, der aller Objektivität inhärent ist, wie auch die Zentralität der wir/sie-Unterscheidung im Konstruktionsprozess kollektiver politischer Identitäten. Um Missverständnisse zu vermeiden, möchte ich betonen, dass das »konstitutive Außen« nicht auf eine Art dialektische Negation reduziert werden kann. Damit es sich um ein wirkliches Außen handelt, muss dieses Außen inkommensurabel mit dem Innen sein und zugleich dessen Entstehungsbedingung. Das ist nur möglich, wenn das, was »außen« ist, nicht einfach das »Außen« eines konkreten Inhalts darstellt, sondern vielmehr etwas, das »Konkretheit« als solche in Frage stellt. Das ist mit dem Derrida'schen Begriff des »konstitutiven Außen« impliziert:

Es handelt sich nicht um einen Inhalt, der von einem anderen Inhalt bestätigt/negiert werden würde als dessen dialektischer Gegensatz (was der Fall sein könnte, würden wir einfach sagen: Es gibt kein »wir« ohne ein »sie«), sondern um einen Inhalt, der, indem er die in der Spannung seiner Konstitution angelegte radikale Unentscheidbarkeit zeigt, seine eigene Positivität zu einer Funktion des Symbols von etwas macht, das ihm entkommt: die Möglichkeit/Unmöglichkeit von Positivität als solcher. In diesem Fall kann Antagonismus nicht auf einen simplen Prozess dialektischer Umkehrung reduziert werden: Das »sie« ist nicht der konstitutive Gegensatz eines konkreten »wir«, sondern das Symbol dessen, was *jedes* »wir« unmöglich macht.

Versteht man es auf diese Weise, erlaubt uns das konstitutive Außen, die Bedingungen der Entstehung des Antagonismus zu erfassen. Dies geschieht, wenn ein wir/sie-Verhältnis, das bis dahin als einfache Differenz wahrgenommen wurde, zunehmend als eines zwischen Freund und Feind gesehen wird. Von diesem Moment an wird es zum Ort eines Antagonismus, das heißt, es wird politisch (in Schmitts Sinn des Begriffes). Wenn kollektive Identitäten nur im Modus eines wir/sie etabliert werden können, dann ist klar, dass sie unter bestimmten Bedingungen immer in antagonistische Verhältnisse transformiert werden können. Antagonismus kann dann nie überwunden werden und konstituiert eine immer gegenwärtige Möglichkeit von Politik. Eine zentrale Aufgabe demokratischer Politik ist es daher, die Bedingungen zu erzeugen, die es weniger wahrscheinlich machen, dass solch eine Möglichkeit entsteht.

Demokratische Politik aus dieser Perspektive zu betrachten, ist genau das Ziel des Projekts eines »agonistischen Pluralismus«, das in Kapitel 4 ausgebreitet wird. Ein erster Schritt in meiner Argumentation besteht in der Annahme, dass die Freund/Feind-Unterscheidung nicht die einzige Form ist, die ein Antagonismus annehmen kann, und dass letzterer sich auch auf andere Weise manifestieren kann. Aus diesem Grund schlage ich vor, zwischen zwei Formen des Antagonismus zu unterscheiden: Antagonismus im eigentlichen Sinn – stattfindend zwischen Feinden, also Personen, die keinen gemeinsamen symbolischen Raum teilen –, und dem, was ich »Agonismus« nenne. Dabei handelt es sich um einen anderen Erscheinungsmodus von Antagonismus, da Agonismus kein Verhältnis zwischen Feinden beinhaltet, sondern eines zwischen »Gegnern«, die auf paradoxe Weise als

»freundschaftliche Feinde« definiert werden, als Personen also, die Freunde sind, weil sie einen gemeinsamen symbolischen Raum teilen, zugleich aber Feinde, weil sie diesen gemeinsamen symbolischen Raum auf unterschiedliche Art organisieren wollen.

Ich sehe in der Kategorie des »Gegners« einen Schlüssel, um die Spezifik moderner pluralistischer demokratischer Politik zu verstehen, und sie steht im Zentrum meines Verständnisses von Demokratie als »agonistischer Pluralismus«. Außer dass sie mir erlaubt, Schmitts Argument, eine pluralistische Demokratie sei inkonsistent, zu begegnen, hilft sie mir, die Grenzen sowohl der Theoretiker »deliberativer Demokratie« als auch der Politik der so genannten »radikalen Mitte« offenzulegen. In Kapitel 1 etwa untersuche ich die jüngere Version von Rawls politischem Liberalismus und zeige die problematischen Implikationen, die seine Konzeption einer »wohlgeordneten Gesellschaft« für einen pluralistischen Ansatz birgt. Ich argumentiere, dass zu seinen wesentlichen Defiziten gehört, dass er genau den Platz des Gegners auszulöschen tendiert, womit jede legitime Opposition aus der demokratischen Öffentlichkeit verbannt wird.

Auf politischer Ebene kann ein ähnliches Phänomen im Fall des »Dritten Weges« gefunden werden, der in Kapitel 5 diskutiert wird. Ich behaupte, dass es sich dabei um eine »Politik ohne Gegner« handelt, die vorgibt, alle Interessen seien miteinander versöhnbar und jede/r – vorausgesetzt natürlich, er/sie identifiziert sich mit dem »Projekt« – könne Teil »des Volkes« werden. Um seine Akzeptanz der gegenwärtigen neoliberalen Hegemonie zu rechtfertigen – und dabei scheinbar radikal zu bleiben -, mobilisiert der »Dritte Weg« eine Sicht von Politik, die von der Dimension des Antagonismus entleert wurde und die Existenz eines »Allgemeininteresses des Volkes« postuliert, dessen Implementierung alle Formen von Konfliktlösung, bei denen es Gewinner oder Verlierer geben würde, hinter sich lässt. Der soziologische Hintergrund einer solchen These ist die Annahme, dass der Zyklus der Konfrontationspolitik, die im Westen seit der Französischen Revolution dominant war, zu einem Ende gekommen sei. Die links/rechts-Unterscheidung sei nun irrelevant, da sie in einer sozialen Bipolarität verankert war, die nicht länger existiert. Für Theoretiker wie Anthony Giddens ist die links/rechts-Trennung – die er mit der Frontstellung zwischen alter Sozialdemokratie und Marktfundamentalismus identifiziert – ein Erbe der »einfachen Modernisierung« und muss überwunden werden. In einer globalisierten Welt, gekennzeichnet von der Entwicklung eines neuen Individualismus, muss Demokratie »dialogisch« werden. Was wir brauchen, ist eine Politik, die in der Lage ist, die verschiedenen Gebiete des persönlichen Lebens zu erreichen und eine »Demokratie der Emotionen« zu erzeugen.

Was in solch einer Perspektive fehlt, ist jedes Verständnis der Machtverhältnisse, die die heutigen post-industriellen Gesellschaften strukturieren. Man kann nicht verleugnen, dass der Kapitalismus sich radikal transformiert hat, aber das heißt nicht, dass seine Effekte weniger unheilvoll geworden wären,- weit gefehlt. Wir mögen die Idee einer radikalen Alternative zum kapitalistischen System aufgegeben haben, aber selbst eine erneuerte und modernisierte Sozialdemokratie – die der Dritte Weg zu sein behauptet – wird den fest verwurzelten Reichtum und die Macht der neuen Managerklasse herausfordern müssen, wenn sie eine Gesellschaft herbeiführen will, die fairer und verantwortlicher ist. Die Art von sozialer Einmütigkeit, die Trademark des Blairismus ist, ist der Erhaltung existierender Hierarchien nur zuträglich. Kein noch so umfassender Dialog, keine noch so ausführlichen Moralgebete werden die herrschende Klasse je davon überzeugen, dass sie ihre Macht aufgibt. Der Staat kann sich nicht darauf beschränken, die sozialen Konsequenzen des Marktversagens zu lindern.

Sicher, es gibt viele neue Themen, die eine emanzipatorische Politik angehen muss. Um die Erschaffung einer neuen Hegemonie angehen zu können, muss das traditionelle Verständnis von rechts und links neu definiert werden: Doch welchen Inhalt wir diesen Kategorien auch immer geben mögen, eines ist sicher: Es kommt eine Zeit, in der man entscheiden muss, auf welcher Seite in ihrer antagonistischen Konfrontation man stehen will. An der modernen liberalen Demokratie ist besonders und wertvoll, dass sie, wenn richtig verstanden, einen Raum erzeugt, in dem diese Konfrontation offen gehalten wird, wo Machtverhältnisse immer in Frage gestellt werden und kein Sieg endgültig sein kann. Solch eine »agonistische« Demokratie erfordert jedoch, dass akzeptiert wird, dass Konflikt und Teilung der Politik inhärent sind und es keinen Ort gibt, wo Versöhnung als volle Aktualisierung der Einheit »des Volkes« erreicht werden könnte. Wer glaubt, pluralistische Demokratie könne je perfekt realisiert werden, transformiert sie in ein sich selbst widerlegendes Ideal, da die Bedingung der Möglichkeit einer pluralistischen Demokratie zugleich die Bedingung der Unmöglichkeit ihrer perfekten Implementierung ist. Aus diesem Grund ist es wichtig, ihre paradoxe Natur anzuerkennen.

Kapitel 1
Demokratie, Macht und »das Politische«

In den letzten Jahrzehnten sind Kategorien wie »menschliche Natur«, »universelle Vernunft« und »rationales autonomes Subjekt« zunehmend in Frage gestellt worden. Von unterschiedlichen Standpunkten aus haben eine Reihe von Denkern die Idee einer universellen menschlichen Natur, eines universellen Rationalitätskanons, mit dessen Hilfe die menschliche Natur erkannt werden könne, sowie die Möglichkeit einer unbedingten universellen Wahrheit kritisiert. Solch eine Kritik des Aufklärungsuniversalismus und -rationalismus – die manchmal als »postmodern« bezeichnet wurde – wurde von manchen Autoren wie Jürgen Habermas als Bedrohung des modernen demokratischen Projekts gebrandmarkt. Sie glauben, in der Verbindung zwischen dem demokratischen Aufklärungsideal und seiner rationalistischen und universalistischen Perspektive würde die Zurückweisung der letzteren notwendigerweise ersteres gefährden.

In diesem Kapitel möchte ich mich mit solch einer Vorstellung auseinandersetzen und die gegenteilige These vertreten. Tatsächlich werde ich argumentieren, dass es nur im Kontext einer politischen Theorie, die die Kritik des Essentialismus berücksichtigt – die ich als den wesentlichen Beitrag der sogenannten »postmodernen« Ansätze betrachte –, gelingen kann, die Ziele einer radikaldemokratischen Politik auf eine Weise zu formulieren, die der gegenwärtigen Proliferation politischer Räume und der Vielfalt demokratischer Forderungen Raum eröffnet.[7]

PLURALISMUS UND MODERNE DEMOKRATIE

Bevor ich mein Argument entwickle, möchte ich ein paar Bemerkungen vorausschicken, um zu spezifizieren, wie ich moderne liberale Demokratie konzipiere. Zuerst gehe ich davon aus, dass es wichtig ist, moderne liberale Demokratie von demokratischem Kapitalismus zu unterscheiden. Man muss sie in Begriffen klassischer politischer Philosophie als eine *Regierungsform* verstehen, eine politische Gesellschaftsform, die ausschließlich auf der Ebene des Politischen definiert ist, unabhängig von ihrer möglichen Artikulation mit einem ökonomischen System. Liberale Demokratie – in ihren verschiedenen Benennungen: konstitutionelle Demokratie, repräsentative Demokratie, parlamentarische Demokratie, moderne Demokratie – besteht nicht in der Anwendung des demokratischen Modells auf einem breiteren Kontext, wie manche glauben; als *Regierungsform* betrifft sie die symbolische Ordnung sozialer Verhältnisse und ist viel mehr als eine bloße Form staatlichen Regierens [*government*]. Sie ist eine spezifische Form, menschliche Koexistenz politisch zu organisieren, die aus der Artikulation zwischen zwei verschiedenen Traditionen resultiert: dem politischen Liberalismus auf der einen Seite (Rechtsstaatlichkeit, Gewaltentrennung und Individualrechte) und der demokratischen Tradition der Volkssouveränität auf der anderen.

Mit anderen Worten, der Unterschied zwischen der antiken und der modernen Demokratie ist keiner der *Größe* des Staatsgebiets, sondern einer der *Natur* der Regierungsform. Die entscheidende Differenz liegt in der Akzeptanz des *Pluralismus*, der für moderne liberale Demokratie konstitutiv ist. Unter »Pluralismus« verstehe ich das Ende einer substantiellen Idee vom guten Leben, was Claude Lefort »das Verschwinden der Zeichen von Sicherheit« nennt. Eine solche Anerkennung des Pluralismus impliziert eine grundlegende Transformation in der symbolischen Ordnung sozialer Verhältnisse. Daran geht man völlig vorbei, wenn man sich – wie John Rawls – auf Pluralismus als *Faktum* bezieht. Natürlich gibt es ein Faktum, das in der Diversität der Konzeptionen des Guten besteht, die wir in einer liberalen Gesellschaft finden. Aber die entscheidende Differenz ist keine empirische; sie betrifft die *symbolische* Ebene. Auf dem Spiel steht die Legitimation von Konflikt und Teilung, das Auftreten individueller Freiheit und die Annahme gleicher Freiheit für alle.

Sobald Pluralismus als definierendes Merkmal moderner Demokratie anerkannt ist, können wir fragen, wie wir am besten den Umfang und die Natur einer pluralistischen Demokratie beschreiben. Meine Überzeugung ist es, dass nur im Kontext einer Perspektive, für die »Differenz« die Ermöglichungsbedingung des Seins darstellt, ein von Pluralismus informiertes Projekt adäquat formuliert werden kann. Tatsächlich zeige ich, dass alle Formen des Pluralismus, die von einer Logik des Sozialen abhängen, in der »Sein« als »Präsenz« gedacht wird und »Objektivität« zu den »Dingen an sich« gehört, notwendig zur Verringerung des Pluralismus und letztlich zu dessen Negierung führen. Das ist tatsächlich bei den Hauptformen des liberalen Pluralismus der Fall, der üblicherweise damit beginnt, das von ihm sogenannte »Faktum des Pluralismus« hervorzuheben und dann Prozeduren zur Differenzbehandlung zu finden, deren Ziel es in Wahrheit ist, diese Differenzen irrelevant zu machen und Pluralismus in die Sphäre des Privaten zu verbannen.

Aus einer anti-essentialistischen theoretischen Perspektive ist Pluralismus, ganz im Gegenteil, nicht bloß ein *Faktum*, das wir zähneknirschend ertragen müssen oder einzudämmen versuchen, sondern ein axiologisches Prinzip. Er wird *auf der konzeptuellen Ebene* der eigentlichen Natur moderner Demokratie als konstitutiv erachtet und als etwas betrachtet, das wir begrüßen und befördern sollten. Deshalb gesteht der Pluralismus, den ich vertrete, den Differenzen einen positiven Status zu, während er die Objektivität der Einhelligkeit und Homogenität, die sich immer als fiktiv erweist und auf Akten des Ausschlusses basiert, in Frage stellt.

Dennoch erlaubt diese Sicht keinen totalen Pluralismus, und es ist wichtig, die Grenzen des Pluralismus zu erkennen, die eine demokratische Politik erfordert, welche darauf abzielt, eine große Bandbreite von Unterordnungsverhältnissen herauszufordern. Es ist deshalb notwendig, die hier von mir verteidigte Position von dem Typus eines extremen Pluralismus zu unterscheiden, der Heterogenität und Inkommensurabilität betont und dem zufolge Pluralismus – verstanden als Wertschätzung aller Differenzen – keine Grenzen besitzen sollte. Trotz der Behauptung, sie sei demokratischer, verstellt eine solche Perspektive den Blick auf die Weise, in der bestimmte Differenzen als Unterordnungsverhältnisse konstruiert werden und deshalb von einer radikaldemokratischen Politik herausgefordert werden sollten. Es gibt nur eine Vielfalt von Identitäten ohne gemeinsamen Nenner, und es ist unmöglich, zwischen Differenzen, die existieren, aber nicht existieren sollten, und Differenzen, die nicht existieren, aber existieren sollten, zu unterscheiden.

Solch ein Pluralismus verpasst die Dimension des *Politischen.* Machtverhältnisse und Antagonismen werden ausgelöscht, und übrig bleibt die typisch liberale Illusion eines Pluralismus ohne Antagonismus. Tatsächlich hat solch ein Typus des extremen Pluralismus – aufgrund seiner Weigerung, ein »wir« zu konstruieren, eine kollektive Identität, die die in verschiedenen Kämpfen gegen Unterordnung gefundenen Forderungen artikulieren würde – teil an der liberalen Umgehung des Politischen, obwohl er dazu tendiert, dem Liberalismus gegenüber sehr kritisch zu sein. Die Notwendigkeit der Konstruktion solcher kollektiver Identitäten zu verneinen und demokratische Politik ausschließlich in Begriffen eines Kampfes einer Vielfalt von Interessensgruppen oder Minoritäten um ihre Rechte zu fassen, heißt blind zu sein gegenüber Machtverhältnissen. Es heißt, die Grenzen zu ignorieren, die der Ausweitung der Sphäre von Rechten durch das Faktum auferlegt werden, dass einige existierende Rechte auf Basis des Ausschlusses oder der Unterordnung anderer konstruiert wurden.

PLURALISMUS, MACHT UND ANTAGONISMUS

Was in der Auseinandersetzung mit Pluralismus wirklich auf dem Spiel steht, das sind Macht und Antagonismus, sowie deren auslöschbare Natur. Das kann nur aus einer Perspektive erfasst werden, die Objektivismus und Essentialismus, von denen Demokratietheorie dominiert wird, in Frage stellt. In *Hegemonie und radikale Demokratie*[8] haben wir einen Ansatz umrissen, der davon ausgeht, dass jede soziale Objektivität durch Akte der Macht konstituiert wird. Dies bedeutet, dass jede soziale Objektivität letztlich politisch ist und Spuren der Ausschließungsakte zeigen muss, die ihre Konstitution bestimmen, in Derridas Worten: ihr »konstitutives Außen«.

Dieser Punkt ist entscheidend. Weil dem eigentlichen Sein jedes Objekts etwas eingeschrieben ist, was nicht zu ihm selbst gehört, und da somit alles in Form von *Differenz* konstruiert wird, kann das Sein eines Objekts nicht als reine »Präsenz« oder »Objektivität« konzipiert werden. Da das konstitutive Außen im Innen als dessen immer reale Möglichkeit gegenwärtig ist, wird jede Identität gänzlich kontingent. Das impliziert, dass wir Macht nicht als ein *externes* Verhältnis, das zwischen zwei präkonstituierten Identitäten hergestellt wird, konzeptualisieren sollten, sondern vielmehr als die Instanz, durch welche Identitäten zuallererst ihrerseits konstituiert werden. Diesen Punkt des

Zusammenflusses von Objektivität und Macht haben wir »Hegemonie« genannt.

Sobald wir demokratische Politik aus solch einer anti-essentialistischen Perspektive betrachten, können wir zu verstehen beginnen, dass Demokratie nur existieren kann, wenn kein sozialer Akteur den Anspruch erheben kann, das *Fundament* der Gesellschaft zu meistern. Das heißt, dass das Verhältnis zwischen sozialen Akteuren nur dann demokratischer wird, wenn sie die Partikularität oder Begrenztheit ihrer Forderungen akzeptieren; also nur insofern, als sie ihr wechselseitiges Verhältnis als eines anerkennen, aus dem Macht nicht entfernt werden kann. Die demokratische Gesellschaft darf nicht länger als eine Gesellschaft konzipiert werden, die den Traum perfekter Harmonie in den sozialen Verhältnissen realisiert haben wird. Ihr demokratischer Charakter kann nur dem Umstand entstammen, dass kein sozialer Akteur sich selbst die Repräsentation der Totalität anmaßen kann. Zur Hauptfrage demokratischer Politik wird dann nicht etwa, wie sich Macht eliminieren lässt, sondern wie sich Machtformen konstituieren lassen, die mit demokratischen Werten kompatibel sind.

Die Existenz von Machtformen und die Notwendigkeit ihrer Transformation anzuerkennen, während man zugleich die Illusion zurückweist, wir könnten uns vollständig von Macht befreien,– das ist das Spezifikum jenes Projekts, das wir »radikale und plurale Demokratie« genannt haben. Solch ein Projekt anerkennt, dass die Spezifik einer modernen pluralistischen Demokratie – selbst einer wohlgeordneten – nicht in der Abwesenheit von Herrschaft und Gewalt besteht, sondern in der Etablierung einer Reihe von Institutionen, durch die diese eingegrenzt und herausgefordert werden können. Den unauslöschbaren Charakter des Antagonismus zu negieren und auf einen universellen rationalen Konsens zu zielen – das ist die wirkliche Gefahr für die Demokratie. Tatsächlich kann das dazu führen, dass Gewalt nicht erkannt wird und hinter den Aufrufen zur »Rationalität« verborgen bleibt. Dies ist oft bei einem liberalen Denken der Fall, das notwendige Grenzziehungen und Formen der Ausschließung hinter dem Vorwand der »Neutralität« verbirgt.

Um die gefährlichen Konsequenzen des rationalistischen Ansatzes zu illustrieren und die Überlegenheit des von mir hier vorgestellten Ansatzes zu zeigen, werde ich das Beispiel des »politischen Liberalismus«, wie er von John Rawls vertreten wird, heranziehen. In seinem jüngeren Werk versucht Rawls, dem traditionellen liberalen Problem, wie die friedliche Koexistenz von Menschen mit unterschiedlichen Konzeptionen des Guten gewährleistet werde kann, eine neue Lösung zu geben. Seit langem haben Liberale die Lösung für dieses Problem in der Erzeugung eines *modus vivendi* oder, Schumpeter folgend, eines *»modus procedendi«* gesehen, der den Konflikt unterschiedlicher Anschauungen reguliert. Von daher kommt die allgemein akzeptierte Sicht von Demokratie als prozedurale Form, neutral gegenüber jedem partikularen Wertebündel: eine reine Methode öffentlicher Entscheidungsfindung.

In letzter Zeit haben Liberale wie Rawls – und in leicht unterschiedlicher Weise Charles Larmore – solch eine Interpretation des liberalen Neutralitätsprinzips kritisiert. Sie stimmen zu, dass eine liberal-demokratische Gesellschaft Formen eines Konsenses benötigt, der tiefer liegt als ein einfacher modus vivendi oder bloße Prozeduren. Ziel sollte die Herstellung einer Moral sein, nicht nur der Typus eines vernünftigen Konsenses bezüglich wesentlicher Institutionen. Ihre Absicht ist es, einen – wenn auch minimalen – moralischen Konsens bezüglich fundamentaler politischer Fragen bereitzustellen. Ihr »politischer Liberalismus« zielt darauf, eine Kernmoral zu definieren, welche die Bedingungen, unter denen Menschen mit unterschiedlichen Konzeptionen des Guten in einer politischen Assoziation zusammenleben können, spezifiziert. Es handelt sich um ein Liberalismusverständnis, das mit dem Faktum des Pluralismus und der Existenz moralischer und religiöser Meinungsverschiedenheiten kompatibel ist und von umfassenden Vorstellungen, wie sie bei etwa Kant oder Mills zu finden sind, unterschieden werden muss. Da er gegenüber kontroversiellen Vorstellungen vom guten Leben neutral ist, könne solch ein Liberalismus, so denkt man, die politischen Prinzipien bereitstellen, die von allen unter Absehung ihrer Differenzen akzeptiert werden sollten.[9]

Rawls zufolge kann das Problem des politischen Liberalismus folgendermaßen formuliert werden: »Wie kann eine stabile und gerechte

Gesellschaft freier und gleicher Bürger, die durch vernünftige und gleichwohl einander ausschließende religiöse, philosophische und moralische Lehren einschneidend voneinander getrennt sind, dauerhaft bestehen?«[10] Das Problem ist aus seiner Perspektive eines der politischen *Gerechtigkeit*, und es erfordert die Herstellung fairer Bedingungen sozialer Kooperation zwischen Bürgern, die als frei und gleich vorgestellt werden, aber auch als in schwere doktrinäre Konflikte verwickelt. Seine Lösung, wie sie in seinem Buch *Politischer Liberalismus* reformuliert wurde, legt eine neue Betonung auf den Begriff des »vernünftigen Pluralismus«. Er lädt uns ein, zwischen einer rein empirischen Anerkennung gegenläufiger Konzeptionen des Guten (der Tatsache eines »einfachen« Pluralismus) und dem eigentlichen Problem, vor dem Liberale stehen, zu unterscheiden: Wie lässt sich mit einer Pluralität inkompatibler und dennoch *vernünftiger* Lehren umgehen? Eine solche Pluralität ist für ihn das normale Ergebnis der Ausübung menschlicher Vernunft innerhalb des Rahmenwerks einer konstitutionellen demokratischen Regierungsform. Deshalb muss eine Konzeption der Gerechtigkeit in der Lage sein, bei allen »vernünftigen« Bürgern – trotz ihrer tiefen doktrinären Meinungsverschiedenheiten bezüglich anderer Fragen – Unterstützung zu finden.

Betrachten wir diese Unterscheidung zwischen »einfachem« und »vernünftigem« Pluralismus genauer. Sie soll ganz unverhohlen den moralischen Charakter des Konsenses bezüglich Gerechtigkeit sichern, der verhindert, dass ein Kompromiss mit »unvernünftigen« Ansichten geschlossen werden kann; d.h. mit solchen Ansichten, die den grundsätzlichen Prinzipien politischer Moral zuwiderlaufen. Doch tatsächlich erlaubt sie Rawls, eine moralische Erfordernis zu behaupten, wo es sich in Wirklichkeit um eine politische Entscheidung handelt. Für Rawls sind vernünftige Personen solche, »die ihre beiden moralischen Vermögen in hinreichendem Grade entwickelt haben, um freie und gleiche Bürger in einer konstitutionellen Ordnung zu sein und anhaltend den Wunsch zu haben, faire Kooperationsbedingungen zu achten und ein uneingeschränkt kooperatives Gesellschaftsmitglied zu sein«.[11]

Was ist dies anderes als eine indirekte Form der Behauptung, vernünftig seien solche Personen, die die fundamentalen Grundsätze des Liberalismus akzeptieren? Mit anderen Worten, die Unterscheidung zwischen »vernünftig« und »unvernünftig« hilft, eine Grenzlinie zwischen jenen Lehren, die liberale Prinzipien akzeptieren, und solchen, die sie ablehnen, zu ziehen. Das bedeutet, dass ihre Funktion *politisch* ist und sie auf die Unterscheidung abzielt zwischen einem zulässigen Pluralismus religiöser, moralischer oder philosophischer Konzeptionen (solange diese Ansichten in die Privatsphäre verbannt werden können und den liberalen Prinzipien entsprechen) und einem inakzeptablen Pluralismus, der die Dominanz liberaler Prinzipien in der Öffentlichkeit gefährden würde.

Diese Unterscheidung Rawls' besagt in Wirklichkeit, dass es keinen Pluralismus geben kann, soweit die Prinzipien der politischen Assoziation betroffen sind, und dass Konzeptionen, die die Prinzipien des Liberalismus zurückweisen, ausgeschlossen werden müssen. In dieser Hinsicht vertrete ich dieselbe Meinung. Aber dies ist Ausdruck einer eminent *politischen* Entscheidung und keiner moralischen Erfordernis. Wer Anti-Liberale als »unvernünftig« bezeichnet, will damit sagen, dass solche Ansichten innerhalb des Rahmenwerks einer liberal-demokratischen Regierungsform legitimerweise nicht zugelassen werden dürfen. Das ist tatsächlich der Fall, doch der Grund für einen solchen Ausschluss ist kein moralischer. Es ist so, weil antagonistische Legitimitätsprinzipien nicht innerhalb derselben politischen Assoziation koexistieren können, ohne die politische Realität des Staates in Frage zu stellen. Dennoch erfordert solch eine These, wird sie korrekt formuliert, einen theoretischen Rahmen, der anerkennt, dass das Politische immer konstitutiv ist – was vom Liberalismus gerade geleugnet wird.

Rawls will das Problem vermeiden, indem er seine Priorität des Rechts gegenüber dem Guten als moralische Unterscheidung präsentiert. Aber dies löst das Problem nicht. Zuerst drängt sich eine Frage auf hinsichtlich des Status dieser Annahme der Priorität des Rechts gegenüber dem Guten. Will Rawls konsistent sein, darf er sie nicht aus einer umfassenden Lehre ableiten. Handelt es sich dann nur um eine »intuitive Idee«, die uns allen gemeinsam ist? Kommunitaristen würden einer solchen Vorstellung zweifellos widersprechen. Worum könnte es sich also handeln? Die Antwort lautet, dass sie ein Hauptmerkmal liberaler Demokratie ist, verstanden als eine bestimmte politische Form von Gesellschaft; sie ist Teil der »Grammatik« solch eines »Regimes«. Aber eine Antwort entlang dieser Linie steht Rawls nicht zu Verfügung, denn es gibt in seiner Theorie keinen Platz für eine solche konstitutive Rolle des Politischen. Deshalb kann er kein überzeugendes Argument bringen, um die Grenzen seines Pluralismus zu rechtfertigen, und er verfängt sich in einer zirkulären Argumentation: Politischer Liberalismus könne einen Konsens zwischen vernünftigen Personen herbeiführen, die als Personen definiert werden, welche die Prinzipien des politischen Liberalismus akzeptieren.

ÜBERGREIFENDER KONSENS ODER KONSTITUTIONELLER KONSENS

Eine andere Konsequenz der Unfähigkeit Rawls', die konstitutive Rolle des Politischen zu erfassen, zeigt sich, sobald wir einen weiteren Aspekt der Lösung, die er dem liberalen Problem gibt, untersuchen: die Erzeugung eines »übergreifenden Konsenses« zwischen vernünftigen umfassenden Lehren, in dem jede dieser Lehren die politische Konzeption von ihrer Perspektive her unterstützt. Er erklärt, dass in einer wohlgeordneten Gesellschaft der übergreifende Konsens auf Basis der Prinzipien seiner Theorie von Gerechtigkeit als Fairness erzielt werden könne. Da diese Prinzipien fairer Kooperationsbedingungen dank des Hilfsmittels des Urzustands mitsamt seines »Schleiers des Nichtwissens« ausgewählt wurden, genügen sie dem liberalen Legitimitätsprinzip, welches erfordert, dass sie von allen Bürgern als frei und gleich – sowie als vernünftig und rational – unterstützt und an deren öffentliche Vernunft adressiert werden. Diese Prinzipien werden, dem Standpunkt des politischen Liberalismus zufolge, ausdrücklich so gestaltet, dass sie die durchdachte Unterstützung jener Bürger gewinnen können, die vernünftige, wenn auch konfligierende umfassende Lehren bejahen. Tatsächlich besteht der eigentliche Zweck des Schleiers des Nichtwissens darin, das Wissen um die umfassenden Konzeptionen des Guten, die von den Bürgern gehalten werden, unsichtbar zu machen und sie dazu zu zwingen, von den gemeinsamen Konzeptionen einer Gesellschaft und Person auszugehen, die erforderlich sind, um die Ideale und Prinzipien der praktischen Vernunft anzuwenden.[12]

Um den moralischen Charakter seines »politischen Liberalismus« zu sichern, ist Rawls zu beteuern bemüht, dass ein solch übergreifender Konsens nicht mit einem simplen *modus vivendi* zu verwechseln sei. Er insistiert, dass es sich nicht einfach um einen Konsens bezüglich einer Reihe institutioneller Arrangements handle, die auf Eigeninteresse basieren, sondern um die Affirmation – aus moralischen Gründen – von Prinzipien der Gerechtigkeit, die ihrerseits moralischen Charakter besitzen. Darüber hinaus unterscheidet sich der übergreifende Konsens auch von einer konstitutionellen Form des Konsenses, die, aus seiner Sicht, nicht ausreichend tief oder weit greife, um Gerechtigkeit und Stabilität zu sichern. So sagt Rawls bezüglich des Verfassungskonsenses:

> Während über einige politische Grundrechte und Grundfreiheiten Übereinstimmung besteht – über das Wahlrecht, die Freiheit der politischen Rede und Versammlung und was sonst noch für die Wahl- und Gesetzgebungsverfahren einer Demokratie notwendig sein mag –, bestehen unter denen, die diese liberalen Grundsätze vertreten, Meinungsverschiedenheiten darüber, wie der Inhalt und die Grenzen dieser Rechte und Freiheiten genauer zu bestimmen sind, welche weiteren Reche und Freiheiten als grundlegend anzusehen sind und gesetzlichen, wenn nicht verfassungsmäßigen Schutz verdienen.[13]

Rawls gesteht zu, dass ein Verfassungskonsens immer noch besser sei als ein *modus vivendi*, da hier wirkliche Loyalität gegenüber den Prinzipien einer liberalen Verfassung herrscht, die bestimmte Grundrechte und -freiheiten garantieren und demokratische Prozeduren zur Mäßigung von politischen Rivalitäten einrichten. Da diese Prinzipien aber nicht auf bestimmten politisch konzipierten Ideen von Gesellschaft und Person gegründet sind, leben Meinungsverschiedenheiten bezüglich des Status und Inhalts dieser Rechte und Freiheiten fort, und sie erzeugen Unsicherheit und Feindschaft im öffentlichen Leben. Deshalb sei es wichtig, so sagt er, ihre Bedeutung *ein für allemal* zu fixieren. Das wird durch einen übergreifenden Konsens bezüglich einer Konzeption von Gerechtigkeit als Fairness möglich gemacht, die einen viel tiefer reichenden Konsens zu erzeugen vermag als eine Konzeption, die auf konstitutionelle Grundsätze beschränkt bliebe. Obwohl Rawls zugesteht, dass die Klärung dieser konstitutionellen Grundsätze (namentlich die fundamentalen Prinzipien, welche die allgemeine Struktur der Regierung und des politischen Prozesses sowie die Grundrechte und -freiheiten der Zivilbürgerschaft spezifizieren)[14] dringlicher sei, müssten sie von den Prinzipien unterschieden werden, die soziale und ökonomische Ungleichheiten bestimmen. Ziel von Gerechtigkeit als Fairness ist es, Konsens bezüglich einer öffentlichen Vernunft herzustellen, deren Inhalt durch ein politisches Gerechtigkeitskonzept vorgegeben ist:

> Er umfaßt zum einen inhaltliche Gerechtigkeitsgrundsätze für die Grundstruktur (die politischen Werte der Gerechtigkeit) und zum anderen Richtlinien für Tatsachenfeststellungen und Konzeptionen der Tugenden, die einen öffentlichen Vernunftgebrauch möglich machen (die politischen Werte der öffentlichen Vernunft).[15]

Rawls scheint zu glauben, dass zwar zwischen umfassenden moralischen, religiösen und philosophischen Lehren rationale Übereinstimmung unmöglich sei, im politischen Bereich solche Übereinstimmung aber gefunden werden könne. Sind die kontroversiellen Lehren erst einmal in die Privatsphäre verbannt, wird es seiner Auffassung nach möglich, in der Öffentlichkeit einen Typus von Konsens zu etablieren, der auf Vernunft gegründet ist (mit ihren beiden Seiten: der rationalen und der vernünftigen). Der Konsens besteht in der Auffassung, dass seine Infragestellung, ist er einmal gefunden, illegitim sei. Die einzige Möglichkeit seiner Destabilisierung besteht in einem Angriff von außen durch »unvernünftige« Kräfte. Das impliziert, dass nach Einrichtung einer wohlgeordneten Gesellschaft alle, die Teil des übergreifenden Konsenses sind, kein Recht mehr besitzen, die existierenden Arrangements anzugreifen, da diese die Prinzipien der Gerechtigkeit verkörpern. Unterwirft man sich ihm nicht, dann kann dies nur auf »Irrationalität« oder »Unvernunft« zurückzuführen sein.

An diesem Punkt beginnt das Bild der rawlsianischen wohlgeordneten Gesellschaft an Konturen zu gewinnen, und es ähnelt sehr einer gefährlichen Versöhnungsutopie. Sicher, Rawls gesteht ein, dass ein vollständig übergreifender Konsens vielleicht nie erreicht werden könne; bestenfalls könne man sich ihm nur annähern. Wahrscheinlicher sei, wie er sagt, dass der Fokus eines übergreifenden Konsenses von einer Klasse liberaler Konzeptionen, die politisch rivalisieren, gebildet werde.[16] Dennoch drängt er uns dazu, eine wohlgeordnete Gesellschaft anzustreben, wo diese Rivalität überwunden wäre, da es keinen Konflikt zwischen politischen und ökonomischen Interessen mehr gäbe. In solch einer Gesellschaft wäre Gerechtigkeit als Fairness realisiert, was die korrekte und endgültige Interpretation der Implementierung der demokratischen Prinzipien von Gleichheit und Freiheit in den wesentlichen Institutionen darstellt. Damit wäre die Unabhängigkeit von Interessen und jeder Form des Kompromisses garantiert. Der freien öffentlichen, demokratischen Vernunft wäre Ausdruck verliehen.

Seine Vorstellung von der Natur des übergreifenden Konsenses weist klar darauf hin, dass für Rawls eine wohlgeordnete Gesellschaft eine Gesellschaft ist, aus der Politik eliminiert wurde. Eine Konzeption von Gerechtigkeit wird von vernünftigen und rationalen Bürgern wechselseitig anerkannt, die ihren Verfügungen gemäß handeln. Möglicherweise hängen sie sehr unterschiedlichen und sogar konfligierenden Konzeptionen des Guten an, aber die sind strikt privater Natur und dürfen nicht in ihr öffentliches Leben hineinspielen. Interessenskonflikte hinsichtlich ökonomischer und sozialer Fragen – sollten sie überhaupt noch auftreten – werden reibungslos über Diskussionen im Rahmen des öffentlichen Vernunftgebrauchs gelöst, indem man die Gerechtigkeitsprinzipien, die von allen gutgeheißen werden, aufruft. Sollte eine unvernünftige oder irrationale Person mit dem Stand der Dinge nicht einverstanden sein und diesen netten Konsens zu durchbrechen versuchen, dann muss sie durch Zwang dazu gebracht werden, sich den Prinzipien der Gerechtigkeit unterzuordnen.

Was Rawls' Vorstellung einer wohlgeordneten Gesellschaft eliminiert, ist der demokratische Kampf zwischen »Gegnern«, also jenen, die den liberal-demokratischen Prinzipien gegenüber treu sind, während sie unterschiedliche Interpretationen dessen vertreten, was Freiheit und Gleichheit bedeuten und auf welche Art sozialer Verhältnisse und Institutionen sie angewendet werden sollen. Aus diesem Grund wäre in seinem »liberalen Utopia« legitimer Dissens aus dem öffentlichen Raum verbannt. Was hat ihn dazu geführt, solch eine Position zu verteidigen? Warum lässt seine Demokratiekonzeption der antagonistischen Konfrontation zwischen umkämpften Interpretationen geteilter liberal-demokratischer Prinzipien keinen Raum? Die Antwort findet sich, wie ich denke, in seiner falschen Vorstellung von Politik, die auf die bloße Vermittlung zwischen konkurrierenden Interessen, die einer rationalen Lösung zugänglich sind, reduziert wird. Aus diesem Grund glaubt er, politische Konflikte könnten dank einer Gerechtigkeitskonzeption eliminiert werden, die an die Vorstellung von Individuen appelliert, dass es innerhalb der vom Vernünftigen auferlegten Zwänge einen rationalen Vorteil gebe.

Dieser Theorie zufolge benötigen Bürger als freie und gleiche Personen die gleichen Güter, denn ihre Konzeptionen des Guten – wie sehr sie sich in ihrem Inhalt auch unterscheiden mögen – erfordern »dieselben Grundrechte, Grundfreiheiten, Chancen und allgemein dienlichen Mittel wie Einkommen und Besitz, wobei diese alle durch dieselben sozialen Grundlagen der Selbstachtung gesichert werden.«[17] Ist deshalb erst einmal die gerechte Antwort auf das Problem der Distribution dieser Grundgüter gefunden, verschwindet die Rivalität, die vorher im politischen Raum existierte.

Rawls' Szenario setzt voraus, dass politische Akteure nur durch das angetrieben werden, was sie als ihren rationalen Eigenvorteil betrachten. Leidenschaften werden aus dem Raum der Politik verbannt, die ihrerseits auf ein neutrales Feld konkurrierender Interessen reduziert wird. Was solch einem Ansatz völlig abgeht, ist »das Politische« in seiner Dimension von Macht, Antagonismus und Kräfteverhältnissen. Der »politische Liberalismus« ist darum bemüht, das Element der »Unentscheidbarkeit«, das in allen menschlichen Verhältnissen gegenwärtig ist, zu eliminieren. Er bietet uns das Bild einer wohlgeordneten Gesellschaft, in der – durch rationale Übereinstimmung bezüglich Gerechtigkeit – Antagonismus, Gewalt, Macht und Repression verschwunden sind. Doch sie wurden nur mithilfe einer cleveren List unsichtbar gemacht: der Unterscheidung zwischen »einfachem« und »vernünftigem« Pluralismus. Auf diese Weise können Ausschlüsse verleugnet werden, indem behauptet wird, sie seien das Produkt des »freien Gebrauchs praktischer Vernunft«, der die Grenzen jedes möglichen Konsenses absteckt. Wird ein Gesichtspunkt ausgeschlossen, so deshalb, weil es der Gebrauch der Vernunft erzwingt; deshalb erscheinen die Grenzen zwischen dem Legitimen und dem Illegitimen als von Machtverhältnissen unabhängig. Dank dieses Kunststücks werden Rationalität und Moral zum Schlüssel für die Lösung des »Paradox des Liberalismus«: Wie lassen sich dessen Gegner ausschalten, während man dabei selbst neutral bleibt?

Leider reicht es nicht aus, das Politische in seinen Dimensionen von Antagonismus und Exklusion aus der eigenen Theorie zu verbannen, um es auch aus der realen Welt verschwinden zu lassen. Es kehrt zurück, und zwar mit aller Macht. Hat der Liberalismus erst einmal einen Rahmen errichtet, in dem die Dynamiken des Politischen nicht mehr gesehen werden können und die Institutionen und Diskurse fehlen, die es potentiellen Antagonismen ermöglichen würden, sich im agonistischen Modus zu manifestieren, besteht die Gefahr, dass anstelle eines Kampfes zwischen Gegnern ein Krieg zwischen Feinden ausgetragen wird. Aus diesem Grund führt der oben diskutierte Ansatz keineswegs zu einer versöhnteren Gesellschaft, sondern gefährdet letztlich Demokratie.

DEMOKRATIE UND UNENTSCHEIDBARKEIT

Indem ich die möglichen Konsequenzen des Rawls'schen Projekts beleuchtete, wollte ich auf die Gefahren der Vorstellung hinweisen, die Frage der Gerechtigkeit in einer demokratischen Gesellschaft könne einer rationalen endgültigen Lösung zugeführt werden. Solch eine Idee führt zur Schließung des Spalts zwischen Gerechtigkeit und Recht, der für die moderne Demokratie konstitutiv ist. Um solch eine Schließung zu vermeiden, sollten wir die Idee aufgeben, es könnte so etwas wie einen »rationalen« politischen Konsens geben, der nicht auf irgendeiner Form des Ausschlusses basieren würde. Werden die Institutionen der liberalen Demokratie als Resultat reiner deliberativer Rationalität präsentiert, so werden sie dadurch versteinert und untransformierbar gemacht. Das hieße die Tatsache leugnen, dass die moderne pluralistische Demokratie – wie jede andere Regierungsform – ein System von Machtverhältnissen darstellt. Die demokratische Herausforderung dieser Machtformen wäre illegitim.

Wer glaubt, eine letztgültige Lösung von Konflikten sei irgendwann möglich – selbst wenn es sich nur um eine asymptotische Annäherung an die regulative Idee eines rationalen Konsenses handelt –, stattet das demokratische Projekt nicht etwa mit einem notwendigen Horizont aus, sondern gefährdet es. Solch eine Illusion zeugt implizit von dem Wunsch nach einer versöhnten Gesellschaft, in der Pluralismus überwunden wäre. Wird sie auf diese Weise konzipiert, so wird pluralistische Demokratie zu einem »selbstwidersprüchlichen Ideal«, denn der Augenblick ihrer Realisierung würde mit dem Augenblick ihres Verschwindens zusammenfallen.

Eine vom Poststrukturalismus informierte Perspektive bietet, aufgrund ihrer Betonung irreduzibler Alterität, die zugleich eine Bedingung der Möglichkeit und eine Bedingung der Unmöglichkeit jeder Gesellschaft repräsentiert, ein sehr viel geeigneteres theoretisches

Gerüst an, um die Spezifik moderner Demokratie zu erfassen, als dies rationalistische Ansätze vermögen. Das Konzept des »konstitutiven Außen« zwingt uns, mit der Idee zurande zu kommen, dass Pluralismus die Permanenz von Konflikt und Antagonismus beinhaltet. Es hilft uns zu verstehen, dass Konflikt und Teilung keine Störungen darstellen, die unglücklicherweise nicht vollständig eliminiert werden können, und keine empirischen Hindernisse, die eine volle Realisierung eines Guts verunmöglichen, das aus einer Harmonie hervorgehen würde, welche wir nicht erreichen können, da wir nie mit unserem rationalen universellen Selbst übereinstimmen werden.

Dank dieser Einsichten des Poststrukturalismus ist das Projekt radikaler und pluraler Demokratie in der Lage anzuerkennen, dass Differenz die Ermöglichungsbedingung von Einheit und Totalität ist und zugleich deren wesentliche Grenzen bestimmt. Aus dieser Sicht betrachtet kann Pluralität nicht eliminiert werden; sie wird irreduzibel. Wir müssen deshalb die Vorstellung der vollständigen Reabsorption von Alterität in Einheit und Harmonie aufgeben. Es ist eine Alterität, die nicht domestiziert werden kann, sondern, wie Rudolphe Gasché bemerkt, »den Traum einer Autonomie, die sich um sich selbst reflexiv herumwickelt, ermöglicht, aber auch für immer unterminiert, da sie die Vorbedingung solch eines begehrten Zustands bildet, eine Vorbedingung, die die Grenze solch einer Möglichkeit repräsentiert.«[18]

Im Unterschied zu anderen Projekten radikaler oder partizipatorischer Demokratie, die von einem rationalistischen Rahmen geprägt sind, weist radikale und plurale Demokratie die eigentliche Möglichkeit einer nicht-exklusiven öffentlichen Sphäre, in der ein zwangloser Konsens erzielt werden kann, zurück. Indem sie aufzeigt, dass solch ein Konsens eine *konzeptuelle* Unmöglichkeit ist, gefährdet sie nicht, wie manche behaupten würden, das demokratische Ideal. Im Gegenteil, sie beschützt pluralistische Demokratie vor allen Versuchen der Schließung. Tatsächlich bietet eine solche Zurückweisung eine wichtige Garantie dafür, dass die Dynamiken des demokratischen Prozesses am Leben gehalten werden.

Statt zu versuchen, die Spuren von Macht und Ausschluss auszulöschen, erfordert demokratische Politik von uns, sie in den Vordergrund zu rücken, sie sichtbar zu machen, so dass sie herausgefordert werden können. Und der Umstand, dass dies als unendlicher Prozess vorgestellt wird, sollte keinen Grund für Verzweiflung darstellen, da der Wunsch, ein letztes Ziel erreichen zu wollen, nur zur Auslöschung des Politischen und zur Zerstörung von Demokratie führen kann. In einem demokratischen Gemeinwesen sind Konflikt und Konfrontationen kein Zeichen mangelnder Perfektion, sondern deuten darauf hin, dass Demokratie am Leben ist und von Pluralismus erfüllt.

Wir sollten dem kantisch inspirierten Demokratiemodell, das seine Realisierung im Sinne einer idealen Kommunikationsgemeinschaft konzipiert (zwar verstanden als eine unendliche Aufgabe, doch nichtsdestotrotz mit klar definierter Form), eine Demokratiekonzeption entgegensetzen, die, weit davon entfernt, auf Konsens und Transparenz zu zielen, jedem Versuch, ein unzweideutiges Modell demokratischer Diskussion zu erzwingen, mit Verdacht begegnet. Dies ist ein Ansatz, der, da er sich der Gefahren des Rationalismus bewusst ist, nicht davon träumt, Unentscheidbarkeit zu meistern oder zu eliminieren, denn er anerkennt, dass diese die eigentliche Bedingung der Möglichkeit von Entscheidungen darstellt – und damit von Freiheit und Pluralismus.

Kapitel 2
Carl Schmitt und das Paradox der liberalen Demokratie

In der Einleitung zur Taschenbuchausgabe seines Buchs *Politischer Liberalismus* legt John Rawls in Bezugnahme auf Carl Schmitts Kritik parlamentarischer Demokratie nahe, dass der Zusammenbruch der verfassungsmäßigen Regierung Weimars zum Teil der Tatsache geschuldet war, dass die deutschen Eliten nicht länger an die Möglichkeit eines halbwegs ordentlichen, liberalen, parlamentarischen Regimes glaubten. Aus seiner Perspektive sollte uns das zur Einsicht führen, dass es von Bedeutung ist, überzeugende Argumente zugunsten einer gerechten und wohlgeordneten konstitutionellen Demokratie bereitzustellen: »Diskussionen über allgemeine philosophische Fragen können nicht der Gegenstand der täglichen Politik sein; dies bedeutet jedoch nicht, daß sie unwichtig wären; denn das, was wir für unsere Antworten auf diese Fragen halten, prägt unsere tieferen Einstellungen gegenüber der öffentlichen Kultur und dem politischen Handeln.«[19]

Ich stimme Rawls bezüglich der praktischen Rolle politischer Philosophie in der Gestaltung öffentlicher Kultur und bezüglich ihres Beitrags zur Erzeugung demokratischer politischer Identitäten zu. Aber ich gebe zu bedenken, dass politische Theoretiker, um eine Konzeption einer liberal-demokratischen Gesellschaft vorzuschlagen, die die aktive Unterstützung der Bürger zu gewinnen in der Lage ist, auch bereit sein müssen, sich mit den Argumenten derer, die die fundamentalen Grundsätze des Liberalismus herausgefordert haben, auseinanderzusetzen. Das bedeutet, dass man sich einigen beunruhigenden Fragen stellen muss, denen üblicherweise Liberale wie Demokraten gleichermaßen aus dem Weg gehen.

Meine Absicht in diesem Kapitel ist es, zu einem solchen Projekt beizutragen, indem ich Carl Schmitts Kritik der liberalen Demokratie einer genauen Überprüfung unterziehe. Ich bin überzeugt, dass uns eine Konfrontation mit seinem Denken ein wichtiges Paradox anzuerkennen erlauben wird – und uns daher in eine bessere Lage versetzen wird, mit ihm umzugehen –, das der eigentlichen Natur der liberalen Demokratie eingeschrieben ist. Um die Relevanz und Aktualität der Schmitt'schen Fragestellung sichtbar werden zu lassen, werde ich mein Argument entlang zweier Themen organisieren, die gegenwärtig in der politischen Theorie zentral sind: Die Grenzen der Aktivbürgerschaft [*citizenship*] und die Natur eines liberal-demokratischen Konsenses.[20]

DEMOKRATIE, HOMOGENITÄT UND DIE GRENZEN DER ZIVILBÜRGERSCHAFT

Die Grenzen der Aktivbürgerschaft haben jüngst viele Diskussionen produziert. Mehrere Autoren haben argumentiert, in einer Zeit der Globalisierung könne Aktivbürgerschaft nicht von den nationalstaatlichen Grenzen eingehegt werden; sie müsse transnational werden. David Held plädiert beispielsweise für die Einführung einer »kosmopolitischen Aktivbürgerschaft« und unterstreicht die Notwendigkeit eines kosmopolitischen demokratischen Rechts, auf das sich Bürger, deren Rechte von ihren eigenen Staaten verletzt wurden, beziehen könnten.[21] Richard Falk stellt sich seinerseits die Entwicklung von »Bürger-Pilgern« vor, deren Loyalitäten einer unsichtbaren politischen Gemeinschaft ihrer Hoffnungen und Träume gehören würden.[22]

Anderen Theoretikern aber, besonders jenen, die einer republikanischen Konzeption von Zivilbürgerschaft verpflichtet sind, sind solche Aussichten zutiefst verdächtig, da sie in ihnen eine Gefährdung demokratischer Formen des Regierens sehen. Sie behaupten, der Nationalstaat sei der notwendige Ort der Zivilbürgerschaft und in der Idee einer kosmopolitischen Zivilbürgerschaft liege etwas inhärent Widersprüchliches. Ich verstehe diese Debatte als ein typisches Beispiel für die Probleme, die dem Konflikt zwischen demokratischen und liberalen Erfordernissen erwachsen. Schmitt, so behaupte ich, kann uns abklären helfen, was bei dieser Frage auf dem Spiel steht, indem er uns auf die Spannung zwischen Demokratie und Liberalismus hinweist.

Gehen wir von Schmitts These aus, »Homogenität« sei eine Bedingung der Möglichkeit von Demokratie. Im Vorwort zur zweiten

Ausgabe von *Die geistesgeschichtliche Lage des heutigen Parlamentarismus* erklärt er: »Jede wirkliche Demokratie beruht darauf, daß nicht nur Gleiches gleich, sondern, mit unvermeidlicher Konsequenz, das Nichtgleiche nicht gleich behandelt wird. Zur Demokratie gehört also notwendig erstens Homogenität und zweitens – nötigenfalls die Ausscheidung oder Vernichtung des Heterogenen.«[23] Ich möchte nicht abstreiten, dass, bedenkt man die spätere politische Entwicklung des Autors, diese Zeilen einen abschreckenden Effekt haben. Ich würde es aber dennoch als kurzsichtig betrachten, wenn man Schmitts Behauptung der Notwendigkeit von Homogenität in der Demokratie aus diesem Grund abweisen würde. Es ist meine Überzeugung, dass diese provokante These, wird sie auf bestimmte Weise interpretiert, uns dazu zwingen wird, mit einem Aspekt demokratischer Politik umgehen zu lernen, den der Liberalismus zu verdrängen tendiert.

Zuallererst muss verstanden werden, was Schmitt mit »Homogenität« meint. Er behauptet, dass Homogenität dem eigentlichen Kern der demokratischen Gleichheitskonzeption eingeschrieben sei, insofern es sich um *substantielle* Gleichheit handeln müsse. Sein Argument ist, Demokratie benötige eine Konzeption von Gleichheit als Substanz und könne sich nicht mit abstrakten Konzeptionen wie der liberalen zufriedengeben, denn »[i]mmer ist die Gleichheit nur solange politisch interessant und wertvoll, als sie eine Substanz hat und deshalb wenigstens die Möglichkeit und das Risiko einer Ungleichheit besteht«.[24] Um als Gleiche behandelt zu werden, müssen Bürger, so Schmitt, an einer gemeinsamen Substanz teilhaben.

Aus diesem Grund weist er die Idee zurück, die allgemeine Gleichheit aller Menschen könnte einem Staat oder irgendeiner Regierungsform als Grundlage dienen. Solch eine Idee von menschlicher Gleichheit – die aus dem liberalen Individualismus kommt – stelle, so Schmitt, eine nicht-politische Form der Gleichheit dar, da sie des Korrelats einer möglichen Ungleichheit ermangele, von dem her jede Gleichheit ihre spezifische Bedeutung erhalte. Sie stelle keinerlei Kriterien für die Etablierung politischer Institutionen bereit: »Die Gleichheit aller Menschen als Menschen ist nicht Demokratie sondern eine bestimmte Art des Liberalismus, nicht Staatsform sondern individualistisch-humanitäre Moral und Weltanschauung. Auf der unklaren Verbindung beider beruht die moderne Massendemokratie.«[25]

Schmitt bringt vor, es existiere eine unüberwindbare Opposition zwischen dem liberalen Individualismus, dessen moralischem Diskurs das Individuum zugrunde liegt, und dem demokratischen Ideal, das essentiell politisch ist und darauf zielt, eine Identität, die auf Homogenität basiert, zu erzeugen. Er behauptet, Liberalismus negiere Demokratie und Demokratie negiere Liberalismus, und die parlamentarische Demokratie, insofern sie in der Artikulation zwischen Demokratie und Liberalismus bestehe, sei deshalb eine nicht-lebensfähige Regierungsform.

Aus seiner Sicht müssen wir, sprechen wir von Demokratie, zwischen zwei sehr unterschiedlichen Ideen unterscheiden: der liberalen und der demokratischen. Die demokratische Gleichheitskonzeption postuliert, dass jede Person *als* Person automatisch jeder anderen Person gleich ist. Dennoch erfordert die demokratische Konzeption die Möglichkeit, zwischen jenen, die zum Demos gehören, und solchen, die außerhalb von ihm stehen, zu unterscheiden; aus diesem Grund kann sie ohne das notwendige Korrelat der Ungleichheit nicht existieren. Im Gegensatz zu liberalen Behauptungen wäre eine Demokratie der Menschheit, wenn sie überhaupt je wahrscheinlich wäre, eine bloße Abstraktion, da Gleichheit nur in Form spezifischer Bedeutungen – als politische Gleichheit, ökonomische Gleichheit usw. – innerhalb partikulärer Sphären existieren kann. Aber diese spezifischen Gleichheiten beinhalten als ihre eigene Ermöglichungsbedingung immer irgendeine Form von Ungleichheit. Aus diesem Grund folgert er, dass eine absolute menschliche Gleichheit eine praktisch bedeutungslose und indifferente Gleichheit wäre.

Schmitt macht einen wichtigen Punkt, wenn er unterstreicht, dass das demokratische Gleichheitskonzept ein *politisches* ist, das deshalb die Möglichkeit einer *Unterscheidung* impliziert. Er hat recht, wenn er sagt, dass eine politische Demokratie nicht auf der Allgemeinheit der ganzen Menschheit basieren könne und einem spezifischen »Volk« zugehören müsse. Es ist in diesem Kontext wichtig anzumerken, dass er – entgegen äußerst tendenziöser Interpretationen – nie postulierte, diese Zugehörigkeit zu einem »Volk« könne nur in Begriffen von »Rasse« gefasst werden. Im Gegenteil, er insistierte auf der Vielheit der Formen, in denen die für einen Demos konstitutive Homogenität sich manifestieren könne. Beispielsweise sagt er, dass die Substanz der Gleichheit gefunden werden könne in der »staatsbürgerlichen Tüchtigkeit, der *areté* – die klassische Demokratie der *virtus* (*vertu*)«[26]. Die Frage aus historischer Perspektive betrachtend, weist er auf Folgendes hin: »In der Demokratie englischer Sektierer des 17. Jahrhunderts gründet sie sich auf die Übereinstimmung religiöser Überzeugungen. Seit dem 19. Jahrhundert besteht sie vor allem in der Zugehörigkeit zu einer bestimmten Nation, in der nationalen Homogenität.«[27]

Es ist klar, dass für Schmitt nicht die Natur der Ähnlichkeit zählt, auf der Homogenität basiert. Was von Bedeutung ist, ist die Möglichkeit, eine Demarkationslinie zwischen jenen zu ziehen, die zum Demos gehören – und daher gleiche Rechte besitzen – und jenen, die in der politischen Sphäre nicht die gleichen Rechte besitzen können, da sie nicht Teil des Demos sind. Solch eine demokratische Gleichheit – heute ausgedrückt in der Aktivbürgerschaft – stellt für ihn den Grund aller anderen Gleichheitsformen dar. Erst durch ihre Zugehörigkeit zum Demos werden demokratischen Bürgern gleiche Rechte zuerkannt, nicht weil sie an einer abstrakten Idee von Menschheit teilhaben. Deshalb erklärt er, der zentrale Begriff von Demokratie sei nicht »Menschheit«, sondern der Begriff des »Volkes«, und eine Demokratie der Menschheit könne es nie geben. Demokratie könne nur für ein »Volk« existieren. In seinen Worten:

> Im Bereich des Politischen stehen sich die Menschen nicht abstrakt als Menschen, sondern als politisch interessierte und politisch determinierte Menschen gegenüber, als Staatsbürger, Regierende oder Regierte, politische Verbündete oder Gegner, also jedenfalls in politischen Kategorien. In der Sphäre des Politischen kann man nicht vom Politischen abstrahieren und nur die allgemeine Menschengleichheit übrig lassen (...).[28]

Um diesen Punkt zu illustrieren, weist Schmitt darauf hin, dass selbst in modernen demokratischen Staaten, wo eine universelle menschliche Gleichheit etabliert wurde, eine Kategorie von Menschen existiere, die als Ausländer oder Fremde ausgeschlossen seien, weshalb es keine absolute Gleichheit von Personen gebe. Er zeigt auch, wie durch das Korrelat der Gleichheit unter der Bürgerschaft, das in solchen Staaten gefunden wird, nationale Homogenität und die Demarkationslinie zwischen jenen, die zum Staat gehören, und jenen, die außerhalb von ihm bleiben, viel stärker betont wird. Dies, bemerkt er, sei zu erwarten. Wo es nicht der Fall sei und ein Staat versuchen würde, die universelle Gleichheit von Individuen im politischen Bereich ohne Berücksichtigung der nationalen oder irgendeiner anderen Form von

Homogenität zu realisieren, bestehe das Ergebnis nur in der kompletten Entwertung von politischer Gleichheit und von Politik selbst. Dies führe natürlich in keiner Weise zum Verschwinden substantieller Ungleichheiten, sondern, so Schmitt:

> Die substanziellen Ungleichheiten würden keineswegs aus der Welt und aus dem Staat verschwinden, sondern sich auf ein anderes Gebiet, etwa vom Politischen ins Wirtschaftliche, zurückziehen und diesem Gebiet eine neue, unverhältnismäßig starke, überlegene Bedeutung geben. Bei politischer Scheingleichheit muß ein anderes Gebiet, auf welchem die substanziellen Ungleichheiten sich dann durchsetzen, heute also z.B. das Ökonomische, die Politik beherrschen.[29]

Es scheint mir, dass diese Argumente, so unangenehm sie in liberalen Ohren klingen mögen, einer sorgfältigen Abwägung bedürfen. Sie beinhalten eine wichtige Warnung an jene, die glauben, der Globalisierungsprozess würde die Grundlage legen für eine weltweite Demokratisierung und die Etablierung einer kosmopolitischen Zivilbürgerschaft. Sie stellen auch wichtige Einsichten bezüglich der gegenwärtigen Dominanz der Ökonomie im Verhältnis zur Politik bereit. Wir sollten uns in der Tat bewusst sein, dass ohne Demos, zu dem sie gehören, die kosmopolitischen »Bürger-Pilger« tatsächlich die Möglichkeit verlieren würden, ihr demokratisches Gesetzgebungsrecht ausüben zu können. Im besten Fall würde ihnen ihr liberales Recht bleiben, vor transnationalen Gerichten Berufung einzulegen, um ihre individuellen Rechte, so sie verletzt wurden, zu verteidigen. Mit größter Wahrscheinlichkeit wäre solch eine kosmopolitische Demokratie, würde sie je realisiert, nicht mehr als ein leerer Name, der das tatsächliche Verschwinden demokratischer Regierungsformen überdecken und den Triumph der liberalen Form von Regierungsrationalität anzeigen würde.

DIE DEMOKRATISCHE LOGIK DER INKLUSION/EXKLUSION

Es trifft zu, dass ich, indem ich ihn auf diese Weise lese, Schmitts Fragestellung Gewalt antue, da sein Hauptproblem nicht demokratische Partizipation ist, sondern *politische Einheit*. In seinen Überlegungen ist diese Einheit von zentraler Bedeutung, da der Staat ohne sie nicht existieren könnte. Aber seine Überlegungen sind für die Frage der

Demokratie relevant, da er berücksichtigt, dass Bürger in einem demokratischen Staat durch ihre Partizipation in dieser Einheit als Gleiche behandelt werden und ihre demokratischen Rechte ausüben können. Demokratie besteht nach Schmitt grundsätzlich in der Identität zwischen Herrschenden und Beherrschten. Sie ist mit dem fundamentalen Prinzip der Einheit des Demos und der Souveränität seines Willens verknüpft. Aber wenn »das Volk« herrschen soll, wird zu bestimmen notwendig, wer zum »Volk« gehört. Ohne ein Kriterium zur Feststellung, wer die Träger demokratischer Rechte sind, kann der Volkswille nie Form annehmen.

Es könnte natürlich eingewandt werden, dass diese Sicht von Demokratie mit der liberal-demokratischen in Konflikt gerät, und manche würden sicherlich einwenden, dies sollte nicht Demokratie genannt werden, sondern Populismus. Es trifft sicherlich zu, dass Schmitt kein Demokrat im liberalen Sinn des Begriffs ist, und er hatte nichts als Verachtung übrig für die Einschränkungen, die liberale Institutionen dem Willen des »Volkes« auferlegen. Aber das Problem, das er aufwirft, ist selbst für jene, die liberal-demokratische Formen befürworten, von entscheidender Bedeutung. Die Logik der Demokratie impliziert tatsächlich ein Moment der Schließung, das vom eigentlichen Prozess der Konstitution eines »Volkes« erfordert wird. Das kann selbst in einem liberal-demokratischen Modell nicht vermieden werden; es kann nur auf unterschiedliche Weise verhandelt werden. Doch dies kann seinerseits nur geschehen, wenn diese Schließung – und das Paradox, das sie impliziert – anerkannt wird.

Indem er betont, dass die Identität einer demokratischen politischen Gemeinschaft an der Möglichkeit hänge, eine Grenze zwischen »uns« und »ihnen« zu ziehen, streicht Schmitt die Tatsache hervor, dass Demokratie immer Verhältnisse von Inklusion-Exklusion zur Folge hat. Das ist eine entscheidende Einsicht, und Demokraten wären schlecht beraten, sie zurückzuweisen, nur weil sie ihren Urheber nicht schätzen. Eines der Hauptprobleme des Liberalismus – und eines, das die Demokratie in Gefahr bringen kann – besteht genau in dessen Unfähigkeit, solch eine Grenze zu konzeptualisieren. Schmitt macht darauf aufmerksam, dass der zentrale Begriff des liberalen Diskurses die »Menschheit« ist, was – worauf er zurecht hinweist – kein politisches Konzept darstellt und keiner politischen Entität entspricht. Die zentrale Frage der politischen Konstitution »des Volkes« kann von liberaler Theorie nicht adäquat bearbeitet werden, da die Notwendigkeit, solch eine »Grenze« zu ziehen, der universalistischen Rhetorik widerspricht. Gegen die liberale Betonung von »Menschheit« ist es wichtig zu betonen, dass zu den Schlüsselbegriffen der Demokratie der »Demos« und »das Volk« gehören.

Im Unterschied zu jenen, die an eine notwendige Harmonie zwischen Liberalismus und Demokratie glauben, lenkt Schmitt unsere Aufmerksamkeit darauf, wie sie konfligieren, sowie auch auf die Gefahren, die der praktizierten Demokratie durch die Dominanz liberaler Logik drohen. Zweifelsohne existierte ein Gegensatz zwischen der liberalen »Grammatik« der Gleichheit, die Universalität und den Verweis auf die »Menschheit« postuliert, und der Praxis demokratischer Gleichheit, die das politische Moment der Unterscheidung zwischen »uns« und »ihnen« erfordert. Dennoch denke ich, dass Schmitt falsch liegt, wenn er diesen Konflikt als Widerspruch darstellt, der liberale Demokratie notwendigerweise zur Selbstzerstörung treibt. Wir können seine Einsicht problemlos akzeptieren, ohne seine Schlussfolgerungen teilen zu müssen. Ich schlage vor, die entscheidende Differenz zwischen den liberalen und den demokratischen Gleichheitskonzeptionen anzuerkennen, sowie zugleich deren Artikulation und ihre Konsequenzen auf andere Weise in den Blick zu nehmen. Solch eine Artikulation kann tatsächlich als Ort einer Spannung verstanden werden, die eine sehr wichtige Dynamik einführt, die für die Spezifik liberaler Demokratie als einer neuen politischen Gesellschaftsform konstitutiv ist. Die demokratische Logik der Konstitution des »Volkes« ist, so wie die Einschreibung von Rechten und von Gleichheit in Praktiken, notwendig, um die Tendenz zu einem abstrakten Universalismus, der dem liberalen Diskurs inhärent ist, zu unterlaufen. Aber die Artikulation mit der liberalen Logik erlaubt uns – durch Bezugnahme auf »Menschheit« und die polemische Verwendung von »Menschenrechten« –, die Formen von Ausschluss ständig herausfordern zu können, die der politischen Praxis, diese Rechte zu installieren und das »Volk« zu definieren, notwendig eingeschrieben sind.[30] Ungeachtet der letztlich widersprüchlichen Natur der beiden Logiken besitzt ihre Artikulation deshalb sehr positive Konsequenzen, und es gibt keinen Grund, warum man Schmitts pessimistischem Verdikt bezüglich liberaler Demokratie folgen müsste. Dennoch sollten wir umgekehrt nicht zu hoffnungsvoll bezüglich ihrer Zukunftsaussichten werden. Keine letzte Auflösung, kein Gleichgewicht dieser beiden konfligierenden Logiken wird jemals möglich sein, und es kann nur vorübergehende, pragmatische, instabile und prekäre Aushandlungen der Spannung zwischen ihnen geben. Liberal-demokratische Politik besteht in der Tat im konstanten Prozess der Verhandlung und Neuaushandlung – durch unterschiedliche hegemoniale Artikulationen – dieses konstitutiven Paradoxons.

DELIBERATIVE DEMOKRATIE UND IHRE DEFIZITE

Schmitts Überlegungen zum notwendigen Moment der Schließung, das die demokratische Logik mit sich bringt, besitzt wichtige Konsequenzen für eine weitere Debatte: diejenige bezüglich der Natur jenes Konsenses, der in liberal-demokratischen Gesellschaften erzielt werden kann. Verschiedene Fragen stehen in der Debatte auf dem Spiel, und ich werde sie der Reihe nach untersuchen.

Eine der Implikationen des Arguments, wie es oben präsentiert wurde, besteht in der Unmöglichkeit, einen rationalen Konsens ohne Ausschluss zu etablieren. Das bringt jenes demokratische Politikmodell, das jüngst ziemliche Aufmerksamkeit unter dem Titel »deliberative Demokratie« auf sich gezogen hat, in eine Reihe von Problemen. Ohne Zweifel sind die Absichten jener Theoretiker, die die unterschiedlichen Versionen dieses Modells vertreten, anerkennenswert. Gegen die interessenbasierte Demokratiekonzeption, die von der Ökonomie inspiriert ist und sich gegenüber den Tugenden politischer Partizipation skeptisch zeigt, wollen sie in die Politik wieder die Frage der Moral und Gerechtigkeit einführen und demokratische Aktivbürgerschaft auf andere Art konzipieren. Dennoch, indem sie vorschlagen, Vernunft und rationale Argumentation als zentrales Thema der Politik zu sehen, und nicht etwa Interesse und die Aggregierung von Präferenzen, ersetzen sie einfach das ökonomische Modell mit einem moralischen, dem, wenngleich in unterschiedlicher Weise, ebenfalls die Spezifik des Politischen entgeht. In ihrem Versuch, die Beschränkungen eines Pluralismus von Interessengruppen zu überwinden, illustrieren deliberative Demokratien aufschlussreich Schmitts Argument: »In einer überaus systematischen Weise umgeht oder ignoriert das liberale Denken den Staat und die Politik und bewegt sich statt dessen in einer typischen, immer wiederkehrenden Polarität von zwei heterogenen Sphären, nämlich von Ethik und Wirtschaft, Geist und Geschäft, Bildung und Besitz.«[31]

Da ich hier nicht all die verschiedenen Versionen deliberativer Demokratie untersuchen kann, werde ich mich auf das Modell, wie es von Habermas und seinen Anhängern erarbeitet wurde, konzentrieren. Mit Sicherheit gibt es Differenzen unter den Anhängern dieses neuen Paradigmas. Aber es existieren genügend Konvergenzen zwischen ihnen, um behaupten zu können, dass keiner von ihnen mit dem Paradox demokratischer Politik angemessen umzugehen versteht.[32]

Seyla Benhabib zufolge liegt die Hauptherausforderung, der sich Demokratie heute gegenübersieht, in der Frage, wie sich Rationalität mit Legitimität versöhnen lasse. Oder um es anders zu sagen: Die zentrale Frage, der Demokratie sich stellen muss, lautet: Wie kann der Ausdruck des Gemeinguts mit der Volkssouveränität kompatibel gemacht werden? Sie präsentiert die Antwort, die vom deliberativen Modell angeboten wird:

> Legitimität und Rationalität können in Bezug auf kollektive Entscheidungsprozesse in einem Gemeinwesen dann und nur dann erzielt werden, wenn die Institutionen dieses Gemeinwesens und ihr ineinandergreifendes Verhältnis so arrangiert sind, dass das, was als im gemeinsamen Interesse aller liegend betrachtet wird, aus Prozessen kollektiver Deliberation resultiert, die vernünftig und fair zwischen freien und gleichen Individuen durchgeführt werden.[33]

Dieser Auffassung zufolge leitet sich die Basis von Legitimität in demokratischen Institutionen von der Tatsache her, dass jene, die bindende Macht beanspruchen, dies unter der Annahme tun, dass ihre Entscheidungen einen *unparteiischen Standpunkt*, der *gleichermaßen im Interesse aller* ist, repräsentieren. Wenn diese Voraussetzung erfüllt werden soll, müssen diese Entscheidungen das Resultat angemessener öffentlicher Deliberationsprozesse sein, die den Prozeduren des habermasianischen Diskursmodells folgen. Die Grundidee dieses Modells ist folgende:

Nur jene Normen, d.h. allgemeine Handlungsregeln und institutionelle Arrangements, können als zulässig gelten, denen alle, die von ihnen betroffen sind, zustimmen können, wenn solche Zustimmung aus einem Deliberationsprozess hervorgeht, der die folgenden Eigenschaften aufweist:

(a) Partizipation in solcher Deliberation wird von den Normen der Gleichheit und Symmetrie geregelt; alle haben die gleichen Chancen, Sprechakte zu initiieren, Fragen zu stellen, *in Frage* zu stellen und eine Debatte zu eröffnen;
(b) Alle besitzen das gleiche Recht, den zugewiesenen Inhalt der Konversation zu hinterfragen;
(c) Alle haben das Recht, reflexive Diskussionen bezüglich der eigentlichen Regeln der Diskursprozeduren und der Art ihrer Anwendung und Ausführung zu initiieren. Es gibt keine *prima facie* Regel, welche die Agenda, die Konversation oder die Identität der Teilnehmenden eingrenzt, solange jede ausgeschlossene Person oder Gruppe mit Gründen zeigen kann, dass sie auf relevante Weise von den fraglichen vorgeschlagenen Normen betroffen ist.[34]

Untersuchen wir dieses deliberative Demokratiemodell genauer. In ihrem Versuch, Legitimität auf *Rationalität* zu gründen, müssen diese Theoretiker zwischen bloßer Zustimmung und rationalem Konsens unterscheiden. Aus diesem Grund unterstellen sie, der öffentliche Diskussionsprozess müsse die Bedingungen idealen Diskurses realisieren. Dies setzt die Werte der Prozedur fest, die in Unparteilichkeit und Gleichheit, Offenheit und Zwanglosigkeit, sowie Einhelligkeit bestehen. Die Kombination dieser Werte in der Diskussion garantiert, dass deren Ergebnis legitim sein wird, da es generalisierbare Interessen produzieren wird, auf die sich alle Partizipanten einigen können.

Habermasianer verleugnen nicht, dass es natürlich Hindernisse auf dem Weg zur Realisierung des idealen Diskurses geben wird, aber diese Hindernisse werden als *empirisch* verstanden. Sie gehen aus dem Umstand hervor, dass es aufgrund der praktischen und empirischen Beschränkungen des sozialen Lebens unwahrscheinlich ist, dass wir jemals vollständig dazu in der Lage sein werden, all unsere partikularen Interessen beiseite zu lassen, um mit unserem universalen rationalen Selbst in Übereinstimmung zu sein. Aus diesem Grund wird die ideale Sprechsituation als regulatives Ideal präsentiert.

Dennoch, wenn wir Schmitts Einsichten bezüglich der Verhältnisse von Inklusion-Exklusion akzeptieren, die notwendig der politischen Konstitution »des Volkes« eingeschrieben sind – was die Ausübung von Demokratie erfordert –, müssen wir anerkennen, dass die Hindernisse auf dem Weg zur Realisierung der idealen Sprechsituation – und des exklusionsfreien Konsenses, den sie herbeiführen soll – der demokratischen Logik selbst eingeschrieben sind. Tatsächlich widerstrebt die freie und ungehinderte öffentliche Deliberation allen zu allgemeinen Angelegenheiten der demokratischen Erfordernis, eine

Grenze zwischen »uns« und »ihnen« zu ziehen. Wir könnten sagen – dieses Mal, indem wir Derrida'sche Terminologie verwenden –, dass die eigentlichen Möglichkeitsbedingungen der Ausübung von Demokratie zugleich die Bedingungen der Unmöglichkeit demokratischer Legitimität, wie sie in der deliberativen Demokratie vorgestellt wird, darstellen. Konsens ist in einer liberal-demokratischen Gesellschaft Ausdruck einer Hegemonie und der Kristallisation von Machtverhältnissen – und wird es immer sein. Die Grenze zwischen dem, was legitim ist, und dem, was es nicht ist, ist eine politische Grenze, und aus diesem Grund sollte sie herausgefordert werden können. Die Existenz eines solchen Moments der Schließung zu verneinen oder die Grenze als von Rationalität oder Moralität diktiert zu präsentieren, heißt naturalisieren, was als eine kontingente und temporäre hegemoniale Artikulation »des Volkes« durch ein bestimmtes Regime des Ein- und Ausschlusses verstanden werden sollte. Das Ergebnis einer solchen Operation besteht nur darin, die Identität des »Volkes« zu reifizieren, indem man es auf eine seiner vielen möglichen Formen der Identifizierung reduziert.

PLURALISMUS UND SEINE GRENZEN

Da das deliberative Demokratiemodell die Verfügbarkeit eines Konsenses ohne Ausschluss behauptet, kann es einen liberal-demokratischen Pluralismus nicht in angemessener Weise ins Auge fassen. Es ließe sich sogar nachweisen, dass sowohl bei Rawls als auch bei Habermas – um nur die bekanntesten Repräsentanten dieses Trends zu nehmen – die eigentliche Bedingung für die Erzeugung von Konsens in der Eliminierung des Pluralismus aus der Öffentlichkeit besteht.[35] Von daher die Unfähigkeit deliberativer Demokratie, eine überzeugende Widerlegung der Schmitt'schen Kritik des liberalen Pluralismus zu formulieren. Es ist diese Kritik, die ich nun untersuchen werde, um zu sehen, wie sie beantwortet werden könnte.

Schmitts bekannteste These ist sicherlich, dass das Kriterium des Politischen in der Freund-Feind-Unterscheidung besteht. Für ihn läßt sich tatsächlich das Phänomen des Politischen »nur durch die reale Möglichkeit der Freund- und Feindgruppierung begreifen«[36] So wie diese These üblicherweise interpretiert wurde, warf man Schmitt oft vor, er hätte die »Freund«-Seite seiner Freund-Feind-Opposition vernachlässigt. In seinen Bemerkungen zur Homogenität aber können wir viele Hinweise darauf finden, wie die Gruppierung vorgestellt werden kann, und dies hat wichtige Implikationen für seine Pluralismuskritik.

Kehren wir zur Idee zurück, Demokratie erfordere politische Gleichheit, die politische Gleichheit, die aus der Teilhabe an einer gemeinsamen Substanz stammt – das meint, wie wir gesehen haben, Schmitt, wenn er vom Bedürfnis nach Homogenität spricht. Bisher habe ich die Notwendigkeit betont, eine Grenze zwischen dem »wir« und dem »sie« zu ziehen. Aber diese Frage lässt sich auch untersuchen, indem man das »wir« fokussiert und die Natur des Bandes, das seine Komponenten vereint. Klarerweise ist mit der Feststellung, dass die Möglichkeitsbedingung eines »wir« die Existenz eines »sie« ist, das Thema nicht ausgeschöpft. Verschiedene Formen von Einheit können zwischen den Elementen des »wir« errichtet werden. Das ist mit Sicherheit nicht, was Schmitt glaubt, da Einheit aus seiner Sicht nur im Modus von Identität existieren kann. Aber das ist das Problematische an seiner Konzeption. Es ist daher nützlich, sowohl die Stärken als auch die Schwächen seines Arguments zu untersuchen.

Indem er vom Bedürfnis nach Homogenität in einer Demokratie ausgeht, sagt uns Schmitt etwas über die Art von Band, die erforderlich ist, damit eine demokratische politische Gemeinschaft existieren kann. Mit anderen Worten, er analysiert die Natur der »Freundschaft«, die das »wir« in einer Demokratie definiert. Das ist für ihn eine Möglichkeit, den Liberalismus für dessen Ignoranz gegenüber der Notwendigkeit einer solchen Form von Kommunalität, sowie für dessen Verteidigung des Pluralismus zu kritisieren. Wenn wir als sein Ziel das liberale Modell des Interessengruppen-Pluralismus verstehen, das postuliert, Übereinkunft bezüglich bloßer Prozeduren könne die Kohäsion einer liberalen Gesellschaft garantieren, dann hat er ohne Zweifel recht. Eine solche Vorstellung von einer pluralistischen Gesellschaft ist sicherlich unangemessen. Der Liberalismus überträgt nur die Unterschiedlichkeit von Interessen, die in der Gesellschaft bereits existieren, auf den öffentlichen Raum und reduziert das politische Moment auf den Aushandlungsprozess zwischen Interessen, die unabhängig von ihrem politischen Ausdruck sind. In einem solchen Modell ist für eine gemeinsame Identität demokratischer Zivilbürger kein

Raum; Zivilbürgerschaft wird auf einen Rechtsstatus reduziert, und das Moment der politischen Konstitution des »Volkes« wird verworfen. Schmitts Kritik dieses Liberalismustypus ist überzeugend, und es ist interessant zu bemerken, dass sie mit dem übereinstimmt, was Rawls sagt, wenn er das »modus vivendi«-Modell konstitutioneller Demokratie zurückweist, da es instabil sei und zur Auflösung tendiere, und wenn er die Einheit, die es zu Wege bringt, als unzulänglich bezeichnet.

Haben wir einmal die Vorstellung, die Einheit einer pluralistischen Gesellschaft in einer bloßen Konvergenz von Interessen und einem neutralen Set an Prozeduren gründen zu wollen, verworfen, wie sollten wir sie dann konzipieren? Ist nicht jeder andere Typus von Einheit mit dem Pluralismus, wie ihn liberale Gesellschaften vertreten, unvereinbar? In dieser Hinsicht ist Schmitts Antwort natürlich unzweideutig: Es gibt keinen Platz für Pluralismus innerhalb einer demokratischen politischen Gemeinschaft. Demokratie erfordert die Existenz eines homogenen Demos, und das schließt jede Möglichkeit des Pluralismus aus. Aus diesem Grund gibt es, nach seiner Auffassung, einen unüberbrückbaren Widerspruch zwischen liberalem Pluralismus und Demokratie. Für ihn ist der einzige mögliche und legitime Pluralismus ein Pluralismus von Staaten. Indem er die liberale Idee eines Weltstaates zurückweist, bekräftigt er, dass die politische Welt ein »Pluriversum«, nicht ein »Universum« sei. In seinen Worten: »Die politische Einheit kann ihrem Wesen nach nicht universal in dem Sinne einer die ganze Menschheit und die ganze Erde umfassenden Einheit sein.«[37]

In *Der Begriff des Politischen* argumentiert Schmitt – indem er als Angriffsziel den Pluralismus der pluralistischen Schule Harold Laskis und G.D.H. Coles auswählt –, dass der Staat nicht als eine unter vielen Assoziationsformen verstanden werden dürfe, auf der gleichen Ebene wie eine Kirche oder eine Gewerkschaft. Gegen die liberale Theorie, deren Ziel es ist, den Staat durch die Theorie des Sozialvertrags in einen freiwilligen Zusammenschluss zu verwandeln, drängt er uns anzuerkennen, dass die politische Entität etwas anderes und entschiedeneres sei. Das zu verneinen, hieße aus seiner Sicht das Politische verneinen: »Nur so lange das Wesen des Politischen nicht erkannt oder nicht beachtet wird, ist es möglich, eine politische ›Assoziation‹ pluralistisch neben eine religiöse, kulturelle, ökonomische oder andere Assoziation zu stellen und sie mit ihnen in Konkurrenz treten zu lassen.«[38]

Ein paar Jahre später, in seinem wichtigen Artikel »Staatsethik und pluralistischer Staat«, bemerkt er, wieder in einer Diskussion Laskis und Coles, dass die Aktualität ihrer pluralistischen Theorien von der Tatsache komme, dass sie mit den empirischen Bedingungen korrespondieren, die in den meisten Industriegesellschaften herrschen. In der gegenwärtigen Situation erscheine der Staat tatsächlich »in weitem Maße von den verschiedenen sozialen Gruppen abhängig, bald als ein Opfer, bald als Ergebnis ihrer Abmachungen, ein Kompromißobjekt sozialer und wirtschaftlicher Machtgruppen, ein Agglomerat heterogener Faktoren, Parteien, Interessenverbände, Konzerne, Gewerkschaften, Kirchen usw., die sich untereinander verständigen«.[39] Der Staat ist daher geschwächt und wird zu einer Art von Clearingstelle, ein Schiedsrichter zwischen konkurrierenden Fraktionen. Reduziert auf eine rein instrumentelle Funktion kann er nicht Gegenstand von Loyalität sein; er verliert seine ethische Rolle und seine Kapazität, die politische Einheit eines »Volkes« zu repräsentieren. Während er solch eine Situation bedauert, gesteht Schmitt nichtsdestotrotz ein, dass die Pluralisten, was ihre empirische Diagnose betrifft, nicht ganz Unrecht haben. Seiner Meinung nach besteht das Interessante an deren Theorie in ihrer Anerkennung der konkreten empirischen Macht sozialer Gruppen.

Es muss gesagt sein, dass Schmitt nicht immer die Existenz von Parteien als absolut unvereinbar mit der Existenz eines ethischen Staates betrachtet. Im gleichen Artikel scheint er bereit, wenigstens die Möglichkeit irgendeiner Form des Pluralismus, der die Einheit des Staates nicht negiert, zuzugestehen. Aber er verwirft sie sofort und erklärt, sie würde unvermeidlich zu einem Typus von Pluralismus führen, der die politische Einheit auflöst:

> Wird nun der Staat zu einem pluralistischen Parteienstaat, so kann die Einheit des Staates nur so lange bestehen, als die zwei oder mehreren Parteien sich einigen, indem sie gemeinsame Prämissen anerkennen. Die Einheit beruht dann insbesondere auf der von allen Parteien anerkannten *Verfassung*, die als gemeinsame Grundlage unbedingt respektiert werden muß. Staatsethik wird dann zur *Verfassungsethik*. Je nach der Substantialität, der Eindeutigkeit und der Autorität der Verfassung kann darin eine sehr wirksame Einheit liegen. Es kann aber auch sein, daß sich die Verfassung zur bloßen Spielregel und ihre Ethik zur bloßen Ethik des *fair play* verflüchtigt

> und daß es schließlich, bei pluralistischer Auflösung der Einheit des politischen Ganzen dahin kommt, daß die Einheit nur noch ein Agglomerat von wechselnden Vereinbarungen heterogener Gruppen ist. Die Verfassungsethik verflüchtigt sich dann noch weiter, und zwar in die Ethik des Satzes *pacta sunt servanda*.[40]

SCHMITTS FALSCHES DILEMMA

Ich denke, Schmitt betont zu Recht die Defizite dieser Art des Pluralismus, der die Spezifik des politischen Verbands negiert, und ich stimme seiner Behauptung zu, dass es notwendig sei, »das Volk« *politisch* zu konstituieren. Aber ich glaube nicht, dass dies uns dazu zwingen muss, die Möglichkeit jeder Form des Pluralismus innerhalb des politischen Verbands zu verneinen. Sicher, die liberale Theorie war bislang nicht in der Lage, eine überzeugende Lösung dieses Problems anzubieten. Dies bedeutet allerdings nicht, dass es unauflöslich ist. Schmitt konfrontiert uns in der Tat mit einem falschen Dilemma: Entweder gibt es die Einheit des »Volkes« und dies erfordert, dass jede Teilung und jeder Antagonismus ins Außen des Demos verwiesen werden – ein Außen, das benötigt wird, damit er seine Einheit herstellt; oder alle beliebigen Formen der Teilung innerhalb des Demos werden als legitim betrachtet, und das wird unausweichlich zu der Art von Pluralismus führen, die die politische Einheit und die eigentliche Existenz des »Volkes« negiert. Wie Jean-François Kervégan bemerkt: »Für Schmitt erlegt der Staat entweder seine Einheit und seine Rationalität einer Zivilgesellschaft auf, die durch Pluralismus, Konkurrenz und Unordnung gekennzeichnet ist, oder, wie es in der liberalen Demokratie der Fall ist, der soziale Pluralismus wird die politische Entität ihrer Bedeutung entleeren und zurück zu ihrem *anderen* bringen, dem Naturzustand.«[41]

Schmitt wird durch seine Sicht der politischen Einheit dazu geführt, solch ein Dilemma zu formulieren. Für ihn muss die Einheit des Staates eine konkrete Einheit sein, die bereits gegeben und deshalb stabil ist. Das trifft auch auf seine Vorstellung von der Identität des »Volkes« zu: Sie muss auch als ein Gegebenes existieren. Aus diesem Grund ist seine Unterscheidung zwischen »uns« und »ihnen« nicht wirklich politisch konstruiert; sie besteht einfach nur in der Anerkennung bereits existierender Grenzen. Obwohl er die pluralistische Konzeption zurückweist, ist Schmitt selbst dennoch nicht in der Lage, sich auf einem gänzlich anderen Terrain zu situieren, da er die Vorstellung von politischen und sozialen Identitäten als empirisch gegeben beibehält. Seine Position ist in der Tat letztlich widersprüchlich. Einerseits scheint er ernsthaft die Möglichkeit in Erwägung zu ziehen, dass Pluralismus zur Auflösung der Einheit des Staates führen könnte. Wenn diese Auflösung allerdings eine charakteristisch *politische* Möglichkeit sein soll, so beinhaltet sie auch, dass die Existenz solch einer Einheit selbst ein kontingentes Faktum ist, das eine politische Konstruktion erfordert. Auf der anderen Seite wird die Einheit allerdings als ein *Faktum* dargestellt, dessen Offensichtlichkeit ihre politischen Produktionsbedingungen ignorieren könnte. Nur aufgrund dieses Taschenspielertricks kann die Alternative so unausweichlich erscheinen, wie Schmitt es wünscht.

Was Schmitt am meisten fürchtet, ist der Verlust gemeinsamer Voraussetzungen und die konsequente Zerstörung der politischen Einheit – worin er eine inhärente Eigenschaft des Pluralismus sieht, der die Massendemokratie begleitet. Es besteht sicher die Gefahr, dass dies eintreten könnte, und man sollte seine Warnung ernst nehmen. Aber das ist kein Grund, warum man alle Formen des Pluralismus ablehnen sollte. Ich schlage vor, Schmitts Dilemma zurückzuweisen und zugleich sein Plädoyer für die Notwendigkeit irgendeiner Art von »Homogenität« in einer Demokratie anzuerkennen. Wir stehen dann vor dem Problem, wie sich das, worauf sich Schmitt mit »Homogenität« bezieht, in anderer Weise vorstellen lässt. Ich schlage vor, um die Unterschiede zu seiner Konzeption zu unterstreichen, von »Kommunalität« zu sprechen. Wie lässt sich eine Form von Kommunalität ins Auge fassen, die stark genug wäre, einen »Demos« zu instituieren, und dennoch mit gewissen Formen des Pluralismus, religiösem, moralischem und kulturellem Pluralismus, sowie Pluralismus von politischen Parteien, kompatibel wäre? Dies ist die Herausforderung, welche die Auseinandersetzung mit Schmitts Kritik uns anzunehmen zwingt. Es handelt sich tatsächlich um eine zentrale Herausforderung, da die eigentliche Formulierung einer pluralistischen Sicht demokratischer Aktivbürgerschaft auf dem Spiel steht.

Es ist offensichtlich, dass ich nicht vorgebe, innerhalb der Grenzen eines Kapitels eine Lösung anbieten zu können, aber ich möchte gerne Perspektiven für weitergehende Reflexion vorschlagen. Um dem

Problem der Kompatibilität zwischen Pluralismus und liberaler Demokratie eine andere, entschieden nicht-schmittianische Antwort zu geben, müssen wir nach meinem Dafürhalten jede Idee eines »Volkes« als bereits gegeben und mit einer substantiellen Identität ausgestattet in Frage stellen. Was wir tun müssen, ist genau das, was Schmitt nicht tut: Sobald wir anerkannt haben, dass die Einheit des »Volkes« das Resultat einer politischen Konstruktion ist, müssen wir all die logischen Möglichkeiten, die eine politische Artikulation enthält, erkunden. Sobald die Identität des »Volkes« – oder besser: seine multiplen möglichen Identitäten – im Modus einer politischen Artikulation betrachtet wird, ist zu betonen wichtig, dass solch eine Identität des »Volkes«, wenn es sich um eine wirklich *politische* Artikulation handelt, nicht bloß in Anerkennung empirischer Differenzen betrachtet werden darf, sondern als *Ergebnis* des politischen Prozesses hegemonialer Artikulation. Demokratische Politik besteht nicht in jenem Moment, in dem ein vollständig konstituiertes »Volk« seine Herrschaft ausübt. Der Moment der Herrschaft ist untrennbar mit dem eigentlichen Kampf um die Definition des »Volkes«, mit der Konstitution seiner Identität verknüpft. Solch eine Identität kann jedoch nie vollständig konstituiert sein, und sie kann nur in multiplen und konkurrierenden Formen der *Identifikation* existieren. Liberale Demokratie besteht genau in der Anerkennung dieser konstitutiven Spaltung zwischen dem »Volk« und seinen verschiedenen Identifikationen. Deshalb ist es so wichtig, diesen Raum des Streits für immer offen zu halten, statt ihn durch die Etablierung eines vorgeblich »rationalen« Konsenses füllen zu wollen.

Liberal-demokratische Politik auf diese Weise zu konzipieren, heißt Schmitts Einsicht bezüglich der Unterscheidung zwischen »uns« und »ihnen« anzuerkennen, denn dieser Kampf um die Konstitution des »Volkes« wird immer auf einem konfliktorischen Feld ausgetragen und impliziert das Vorhandensein konkurrierender Kräfte. Es trifft in der Tat zu, dass es keine hegemoniale Artikulation ohne die Festlegung einer Grenze, die Definition eines »sie« gibt. Doch im Fall liberal-demokratischer Politik verläuft diese Grenze im Inneren, und das »sie« ist kein permanenter Außenseiter. Wir können deshalb zu verstehen beginnen, warum solch ein Regime Pluralismus erfordert. Ohne eine Pluralität konkurrierender Kräfte, die das Gemeingut zu definieren und die Identität der Gemeinschaft zu fixieren versuchen, könnte die politische Artikulation des Demos nicht statthaben. Wir befänden uns im Feld entweder einer Interessensaggregierung oder eines Deliberationsprozesses, der den Moment der Entscheidung eliminiert. Und damit befänden wir uns, worauf Schmitt hinwies, im Feld der Ökonomie oder der Ethik, aber nicht im Feld der Politik.

Dennoch, da Schmitt sich Einheit nur im Modus substantieller Einheit vorstellen kann und die Möglichkeit des Pluralismus innerhalb politischer Vereinigungen bestreitet, konnte er nicht verstehen, dass Liberalen auch noch eine andere Alternative offen stand, eine Alternative, welche die Artikulation von Liberalismus und Demokratie möglich macht. Was er aufgrund der Begrenztheit seiner Problematik nicht verstehen konnte, schien ihm unmöglich. Da es sein Ziel war, den Liberalismus anzugreifen, ist das nicht überraschend, sondern es verweist nur auf die Grenzen seiner theoretischen Reflexion.

Trotz dieser Schwachstellen bleibt Schmitts Liberalismuskritik einschlägig. Sie legt verschiedene Schwächen der liberalen Demokratie offen und bringt ihren blinden Fleck zum Erscheinen. Diese Defizienzen dürfen nicht ignoriert werden. Wollen wir eine überzeugende Vorstellung einer demokratischen Gesellschaft entwickeln, die des Engagements wert wäre, müssen sie angesprochen werden. Schmitt ist ein Gegner, von dem wir lernen können, denn wir können auf seinen Einsichten aufbauen. Wir sollten sie gegen ihn wenden und so nutzen, um ein besseres Verständnis liberaler Demokratie zu entwickeln, das deren paradoxe Natur anerkennt. Nur wenn wir mit der doppelten Bewegung von Inklusion-Exklusion zurande kommen, die demokratische Politik auszeichnet, können wir der Herausforderung begegnen, mit der uns die Globalisierung konfrontiert.

Kapitel 3
Wittgenstein, politische Theorie und Demokratie

Demokratische Gesellschaften sind heute mit neuen Herausforderungen konfrontiert, auf die sie nur schwer eine Antwort finden, da sie nicht in der Lage sind, die Natur des Politischen zu fassen und mit dem Paradox, das der liberalen Demokratie zugrunde liegt, zurande zu kommen. Einer der wesentlichen Gründe für dieses Unvermögen besteht aus meiner Sicht in dem rationalistischen Bezugssystem, welches die Hauptströmungen der politischen Theorie informiert. Wenn wir in der Lage sein wollen, demokratische Institutionen zu konsolidieren und zu vertiefen, dann ist es höchste Zeit, dieses Bezugssystem aufzugeben und über Politik in anderer Weise nachzudenken.

In diesem Kapitel werde ich argumentieren, dass Wittgenstein einen Beitrag zur Durchführung eines solchen Projekts leisten kann. Tatsächlich denke ich, dass wir in seinem späteren Werk viele Einsichten finden, die nicht nur dazu dienen können, die Begrenzungen eines rationalistischen Bezugssystems aufzudecken, sondern auch sie zu überwinden. Mit dieser Absicht im Hinterkopf werde ich eine Reihe zentraler Fragen in der politischen Theorie untersuchen, um zu zeigen, wie eine Wittgenstein'sche Perspektive eine Alternative zum rationalistischen Ansatz bieten könnte. Dennoch möchte ich von Beginn an festhalten, dass ich weder eine politische Theorie aus Wittgenstein zu extrahieren beabsichtige, noch werde ich eine auf Basis seiner Schriften auszuarbeiten versuchen. Ich glaube, dass Wittgensteins Bedeutung davon herrührt, dass er uns eine *neue Art der Theoretisierung* des Politischen angedeutet hat, die mit dem universalisierenden und homogenisierenden Modus, der die meisten liberalen Theorien seit Hobbes bestimmt hat, bricht. Genau das wird dringend benötigt – nicht ein neues System, sondern eine tiefgreifende Verschiebung der Weise, in der wir politische Fragen angehen.

In meiner Untersuchung der Spezifik dieses Wittgenstein'schen neuen Theoriestils werde ich der Pionierarbeit Hanna Pitkins folgen, die in ihrem Buch *Wittgenstein and Justice* sehr überzeugend argumentiert, dass Wittgenstein, mit seiner Betonung des partikularen Falls, der Notwendigkeit, Pluralität und Widerspruch zu akzeptieren, und der Betonung des untersuchenden und sprechenden Selbst, besonders hilfreich für das Denken der Demokratie sei. Ihr zufolge ist Wittgenstein, wie Marx, Nietzsche und Freud, eine Schlüsselfigur für das Verständnis unserer modernen Bredouille. Indem er das Verlangen nach Sicherheit untersucht, sei seine spätere Philosophie, wie sie sagt, »ein Versuch, die illusionslose menschliche Kondition – Relativität, Zweifel und Abwesenheit Gottes – zu akzeptieren und mit ihr zu leben«.[42]

Ich werde meine Position auch mit James Tullys Hilfe bestimmen, der eines der interessantesten Beispiele für die Art des Zugangs, die ich hier vertrete, darstellt. Zum Beispiel hat er Wittgensteins Einsichten genutzt, um eine Konvention zu kritisieren, die im gegenwärtigen politischen Denken verbreitet ist, die These nämlich, »dass unsere Lebensform nur frei und vernünftig ist, wenn sie auf der einen oder anderen Form kritischer Reflexion gegründet ist«.[43] In seiner Untersuchung von Jürgen Habermas' Bild von kritischer Reflexion und Rechtfertigung wie auch von Charles Taylors Begriff der Interpretation, bzw. in der Hinterfragung ihrer jeweiligen Grammatik, macht Tully die Existenz einer Vielzahl von Sprachen sichtbar – von Spielen kritischer Reflexion, von denen keines die gründende Rolle in unserem politischen Leben zu spielen vorgeben kann. Darüber hinaus zeigte er in seinem Buch *Strange Multiplicity*[44], wie solch ein Ansatz nicht nur verwendet werden kann, um die imperiale und monologische Form der Beweisführung, die für den modernen Konstitutionalismus bestimmend ist, zu kritisieren, sondern auch um zu entwickeln, was er eine »post-imperiale« Philosophie und Praxis des Konstitutionalismus nennt.

UNIVERSALISMUS VERSUS KONTEXTUALISMUS

Beginnen wir, indem wir die Debatte zwischen Kontextualisten und Universalisten prüfen. Eine der umstrittensten Fragen, die in den vergangenen Jahren unter politischen Theoretikern verhandelt wurde, liegt im Zentrum der Debatte, und es handelt sich um eine entscheidende Frage, da sie die eigentliche Natur liberaler Demokratie betrifft. Sollte man sich liberale Demokratie als rationale Lösung für die politische Frage, wie menschliche Koexistenz zu organisieren sei, vorstellen? Verkörpert sie deshalb die gerechte Gesellschaft, jene, die von allen rationalen und vernünftigen Individuen akzeptiert werden sollte? Oder stellt sie nur eine Form politischer Ordnung unter möglichen anderen dar? Eine politische Form menschlicher Koexistenz, die unter bestimmten Bedingungen als »gerecht« erachtet werden kann, die aber auch als Produkt einer bestimmte Geschichte betrachtet werden muss, mit spezifischen historischen, kulturellen und geographischen Existenzbedingungen.

Das ist in der Tat eine zentrale Frage, da wir, sollte diese zweite Betrachtungsweise korrekt sein, anerkennen müssen, dass es andere gerechte politische Gesellschaftsformen, Produkte anderer Kontexte geben mag. Liberale Demokratie sollte daher ihren Anspruch auf Universalität ablegen. Es zahlt sich zu betonen aus, dass jene, die solchermaßen argumentieren, darauf bestehen, dass im Unterschied zu den Behauptungen der Universalisten solch eine Position nicht notwendigerweise zur Akzeptanz eines Relativismus, der *jedes* politische System rechtfertigen würde, führen müsse. Was sie erfordert, ist die Akzeptanz einer *Pluralität* legitimer Antworten auf die Frage, was die gerechte politische Ordnung sei. Politisches Urteilen würde dennoch nicht irrelevant, da es immer noch möglich wäre, zwischen gerechten und ungerechten Regierungsformen zu unterscheiden.

Es ist klar, dass in dieser Debatte die eigentliche Natur politischer Theorie auf dem Spiel steht. Zwei unterschiedliche Positionen stehen einander gegenüber. Auf der einen Seite finden wir die »Rationalisten-Universalisten«, die – wie Ronald Dworkin, der frühe Rawls und Habermas – geltend machen, das Ziel politischer Theorie bestehe in der Etablierung universeller Wahrheiten, die unabhängig von jedem historisch-politischen Kontext Gültigkeit beanspruchen können. Natürlich kann es für sie nur eine Antwort auf die Frage nach dem »guten Regime« geben, und viele ihrer Anstrengungen bestehen im Aufspüren von Beweisen dafür, dass die konstitutionelle Demokratie jenes Regime sei, das diese Erfordernisse erfüllt.

In engem Zusammenhang mit dieser Debatte sollte eine weitere strittige Frage angegangen werden, die die Ausarbeitung einer Theorie der Gerechtigkeit betrifft. In diesem weiteren Kontext können die

Implikationen der Perspektive verstanden werden, die von einem Universalisten wie Dworkin vertreten wird, wenn er behauptet, eine Theorie der Gerechtigkeit müsse allgemeine Prinzipien aufspüren, und ihr Ziel müsse es sein, »eine inklusive Formel zu finden, die eingesetzt werden kann, um soziale Gerechtigkeit in jeder Gesellschaft zu messen«.[45]

Gegenwärtig dominiert in der politischen Theorie der universalistisch-rationalistische Zugang, doch er wird von einem Zugang, den man »kontextualistisch« nennen könnte, herausgefordert. Dieser ist für uns von Interesse, da er klar von Wittgenstein beeinflusst ist. Kontextualisten wie Michael Walzer und Richard Rorty verneinen die Verfügbarkeit eines außerhalb der Praktiken und Institutionen einer gegebenen Kultur situierbaren Gesichtspunkts, von dem aus universelle, »kontextunabhängige« Urteile gefällt werden könnten. Aus diesem Grund argumentiert Walzer gegen die Idee, politische Theoretiker sollten eine von allen partikularen Bindungen abgelöste Position einnehmen, um unparteiisch und objektiv urteilen zu können. Aus seiner Sicht sollte der Theoretiker/die Theoretikerin »in der Höhle bleiben« und seinen oder ihren Status als Mitglied einer bestimmten Gemeinschaft voll und ganz ausfüllen; und diese Rolle bestehe darin, für die Mitbürger die Welt der Bedeutungen, die ihnen gemeinsam ist, zu interpretieren.[46]

Mit Rückbezug auf eine Reihe von Einsichten Wittgensteins problematisiert der kontextualistische Zugang jene Form liberalen Denkens, die den gemeinsamen Argumentationsrahmen nach dem Modell des »neutralen« oder »rationalen« Dialoges konzipiert. Tatsächlich aber unterminieren Wittgensteins Anschauungen die eigentliche Basis dieser Form des Denkens, denn, wie bemerkt wurde, legt er Folgendes offen:

> Was auch immer an konkretem Inhalt und Umsetzung in kontraktueller Deliberation existiert, es leitet sich von bestimmten Urteilen ab, die uns als Praktiker einer spezifischen Lebensform naheliegen. Die Lebensformen, in denen wir uns wiederfinden, werden ihrerseits von einem Netzwerk präkontraktueller Übereinstimmungen zusammengehalten, ohne die wechselseitiges Verstehen – und damit auch Widerspruch – unmöglich wäre.[47]

Dem kontextualistischen Zugang zufolge müssen liberal-demokratische Institutionen als ein politisches »Sprachspiel« neben anderen definierend verstanden werden. Da sie für das Problem menschlichen

Zusammenlebens keine rationale Lösung anbieten, wäre es nutzlos, zu ihren Gunsten nach Argumenten zu suchen, die kontextunabhängig wären, um sie gegenüber anderen politischen Sprachspielen abzusichern. Solch ein Zugang, der das Problem unter einer Wittgenstein'schen Perspektive wahrnimmt, beleuchtet die Unangemessenheit aller Versuche, den liberal-demokratischen Prinzipien ein rationales Fundament zu geben, indem man argumentiert, diese würden von rationalen Individuen unter idealisierten Bedingungen wie dem »Schleier des Nichtwissens« (Rawls) oder der »idealen Sprechsituation« (Habermas) gewählt. Wie Peter Winch in Bezug auf Rawls festgehalten hat: »Der ›Schleier des Nichtwissens‹, der seine Position kennzeichnet, verletzt den Wittgenstein'schen Punkt, das ›Vernünftige‹ könne nicht unabhängig vom Inhalt bestimmter zentraler ›Urteile‹ charakterisiert werden.«[48]

Richard Rorty, der eine »neo-pragmatische« Lektüre Wittgensteins vorschlägt, hat seinerseits in einer Kritik an Apel und Habermas unterstrichen, dass es nicht möglich sei, eine universalistische Moralphilosophie aus Sprachphilosophie abzuleiten. Für ihn gibt es nichts in der Natur von Sprache, was allen möglichen Publika gegenüber die Überlegenheit der liberalen Demokratie rechtfertigen könnte. Er erklärt: »Wir sollten die hoffnungslose Aufgabe, politisch neutrale Prämissen zu finden, aufgeben. Prämissen, die allen gegenüber gerechtfertigt werden können und von denen sich die Verpflichtung ableitet, demokratische Politik zu verfolgen.«[49] Demokratische Fortschritte so darzustellen, als wären sie an Fortschritt im Vernunftgebrauch gebunden, ist aus seiner Sicht nicht hilfreich. Wir sollten stattdessen aufhören, die Institutionen der liberalen, westlichen Gesellschaften als die Lösung anzupreisen, die andere Gesellschaften notwendigerweise übernehmen, sobald sie nicht länger »irrational« sind und »modern« werden. Eigentlich gehe es, so die Lehre Wittgensteins, nicht um Rationalität, sondern um geteilte Überzeugungen. In diesem Kontext hieße die Bezeichnung »irrational« dann nicht mehr, dass »jemand keinen angemessenen Gebrauch seiner Verstandeskapazitäten macht. Es heißt nur zu sagen, dass er oder sie nicht genug Überzeugungen oder Wünsche mit uns teilt, damit die Konversation mit ihm oder ihr an diesem Punkt fruchtbar werden könnte.«[50]

Die Analyse demokratischen Handelns von einer Wittgenstein'schen Perspektive her kann uns daher helfen, die Frage der Bindung an Demokratie auf andere Weise zu stellen. Wir kommen so zu dem Schluss, dass Demokratie keine Wahrheitstheorie und keine Konzepte wie Unbedingtheit und universelle Gültigkeit benötigt, sondern eine Vielfalt von Praktiken und pragmatischen Spielzügen, um Menschen davon zu überzeugen, die Bandbreite ihrer Verpflichtungen gegenüber anderen zu erweitern und eine inklusivere Gesellschaft aufzubauen. Solch eine Perspektivenverschiebung wird enthüllen, dass in der jüngeren moralischen und politischen Theorie die falsche Frage gestellt wurde, indem man die Betonung auf die zur *Legitimation* liberaler Institutionen benötigten Argumente legte. Das eigentliche Problem besteht aber nicht darin, Argumente zu finden, die von jeder rationalen oder vernünftigen Person akzeptiert werden können, um die Rationalität oder Universalität der liberalen Demokratie zu rechtfertigen. Liberale demokratische Prinzipien können insofern verteidigt werden, als sie für unsere Lebensform konstitutiv sind, und wir sollten nicht versuchen, unsere Bindung an sie auf einen vermeintlich sichereren Grund zu stellen. Richard Flathman – ein weiterer von Wittgenstein beeinflusster Theoretiker – weist darauf hin, dass die Übereinstimmungen, die bezüglich vieler Merkmale liberaler Demokratie existieren, der Unterstützung durch irgendeine philosophische Form von Sicherheit gar nicht bedürfen: »Unsere Überzeugungen in diesen Urteilen konstituieren die Sprache unserer Politik. Es handelt sich um Sprache, die durch nichts anderes entstanden ist und andauernd modifiziert wird als durch eine Geschichte des Diskurses, eine Geschichte, innerhalb derer wir über diese Sprache nachgedacht haben, seit wir zu denken begonnen haben.«[51]

Rortys Aneignung Wittgensteins ist sehr nützlich, um die Prätentionen kantisch inspirierter Philosophen wie Habermas zu kritisieren, die einen Standpunkt jenseits der Politik finden wollen, von dem aus die Überlegenheit liberaler Demokratie garantiert werden könnte. Aber ich denke, dass Rorty von Wittgenstein Abschied nimmt, wenn er moralischen und politischen Fortschritt in Begriffen der Universalisierung des liberal-demokratischen Modells fasst. Interessanterweise nähert er sich an dieser Stelle Habermas wieder an. Sicher, eine wichtige Differenz zwischen beiden bleibt bestehen. Habermas glaubt, solch ein Universalisierungsprozess würde von rationaler Deliberation getragen, und es erfordere Argumente transkulturell valider Prämissen, um die Überlegenheit des westlichen Liberalismus zu rechtfertigen. Rorty versteht es seinerseits als eine Frage der Überzeugung und des ökonomischen Fortschritts, und er stellt sich vor, es würde an den Leuten selbst liegen, ob sie es zu sichereren Existenzbedingungen und mehr gemeinsamen Überzeugungen und Wünschen bringen. So geht er davon aus, dass durch ökonomisches Wachstum und die richtige Form der »éducation sentimental« ein universeller Konsens bezüglich liberaler Institutionen aufgebaut werden kann. Hingegen hinterfragt er niemals den eigentlichen Glauben an die Überlegenheit der liberalen Lebensform, und in dieser Hinsicht wird er seinen Wittgenstein'schen Inspirationen untreu. Man könnte ihm tatsächlich den Vorwurf machen, den Wittgenstein James George Frazer in seinen »Bemerkungen über Frazers *Golden Bough*« machte. Sein Kommentar war, dass es für Frazer unmöglich scheine, eine andere Lebensform zu verstehen als die seiner eigenen Zeit.

DEMOKRATIE ALS SUBSTANZ ODER ALS PROZEDUR

Es gibt einen zweiten Teilbereich politischer Theorie, in dem eine von Wittgenstein inspirierte Konzeption von Praktiken und Sprachspielen beitragen könnte, eine Alternative zum rationalistischen Ansatz zu erarbeiten. Er setzt sich aus Themen zusammen, die mit der Natur von Prozeduren und deren Funktion in der modernen Demokratiekonzeption zu tun haben.

Die zentrale von Wittgenstein in diesem Zusammenhang eingebrachte Idee besteht in seiner Annahme, dass man, um in Meinungen Übereinstimmung zu finden, zuerst Übereinstimmung bezüglich der verwendeten Sprache herstellen müsse:

> »So sagst du also, daß die Übereinstimmung der Menschen entscheide, was richtig und was falsch ist?« – Richtig und falsch ist, was Menschen *sagen*; und in der *Sprache* stimmen die Menschen überein. Dies ist keine Übereinstimmung der Meinungen, sondern der Lebensform.[52]

Bezüglich der Frage der Prozeduren, die ich herausstreichen möchte, deutet dies auf die Notwendigkeit hin, dass eine große Anzahl von Übereinstimmungen bereits in der Gesellschaft existieren müssen, bevor ein gegebenes Arrangement von Prozeduren funktionieren kann. Wittgenstein zufolge ist es tatsächlich nicht ausreichend, sich auf die Definition eines Begriffs zu einigen, man muss auch bezüglich der

Weise übereinstimmen, in der wir ihn verwenden. Er drückt das folgendermaßen aus: »Zur Verständigung durch die Sprache gehört nicht nur eine Übereinstimmung in den Definitionen, sondern (so seltsam das klingen mag) eine Übereinstimmung in den Urteilen.«[53]

So stellt sich heraus, dass Prozeduren nur als komplexe Ensembles von Praktiken existieren. Weil sie gemeinsamen Lebensformen und Übereinstimmungen in den Urteilen eingeschrieben sind, können Prozeduren akzeptiert und befolgt werden. Man darf unter ihnen keine Regeln verstehen, die auf der Basis von Prinzipien erzeugt wurden und dann auf spezifische Fälle angewendet. Regeln sind für Wittgenstein immer Abkürzungen für Praktiken, sie können von spezifischen Lebensformen nicht abgelöst werden. Deshalb kann die Unterscheidung zwischen prozedural und substantiell nicht so klar sein, wie liberale Theoretiker wünschen würden. Das bedeutet im Fall von Gerechtigkeit beispielsweise, dass man, wie viele Liberale das tun, prozedurale Gerechtigkeit substantieller gegenüberstellen kann, ohne dabei zu berücksichtigen, dass prozedurale Gerechtigkeit immer schon die Akzeptanz bestimmter Werte voraussetzt. Es ist die *liberale* Gerechtigkeitskonzeption, die immer schon den Vorrang des Rechten gegenüber dem Guten behauptet, aber es ist schon immer Ausdruck eines spezifischen Guts. Demokratie ist nicht allein eine Angelegenheit der Einrichtung rechtsförmiger Prozeduren, unabhängig von den Praktiken, die demokratische Formen von Individualität möglich machen. Die Frage der Existenzbedingungen demokratischer Formen von Individualität und der Praktiken und Sprachspiele, mit denen sie konstruiert werden, ist zentral, selbst in einer liberal-demokratischen Gesellschaft, in der Prozeduren eine zentrale Rolle spielen. Prozeduren involvieren immer substantielle ethische Überzeugungen. Aus diesem Grund können sie nicht ordentlich funktionieren, wenn sie nicht von einer spezifische Form von Ethos unterstützt werden.

Dieser letzte Punkt ist sehr wichtig, denn er zwingt uns etwas anzuerkennen, das vom dominanten liberalen Modell nicht anerkannt werden kann, dass nämlich eine liberal-demokratische Gerechtigkeitskonzeption und liberal-demokratische Institutionen ein demokratisches Ethos erfordern, damit sie ordentlich funktionieren können und sich am Leben erhalten. Das genau vermag Habermas' Diskurs der prozeduralen Demokratie nicht zu erfassen, da er eine scharfe Trennlinie zwischen moralisch-praktischen Diskursen und ethisch-praktischen Diskursen zu ziehen bemüht ist. Es reicht nicht aus zu sagen, wie er es inzwischen in Kritik an Apel tut, dass eine Diskurstheorie der Demokratie nicht ausschließlich auf den pragmatischen Kommunikationsbedingungen basieren könne und stattdessen rechtliche, moralische, ethische und pragmatische Argumentation einbeziehen müsse.

DEMOKRATISCHER KONSENS UND AGONISTISCHER PLURALISMUS

Mein Argument lautet, dass Wittgenstein in seinen späteren Werken, indem er einen auf Praxis basierenden Rationalitätsansatz entwickelt, eine viel erfolgversprechendere Möglichkeit eröffnet, über politische Fragen nachzudenken und die Ziele demokratischer Politik in den Blick zu bekommen. Im gegenwärtigen Kontext, der von einer zunehmenden Entfremdung von Demokratie charakterisiert ist – trotz, wie es scheint, ihres Triumphes –, ist von vitaler Bedeutung zu verstehen, wie eine starke Bindungskraft an demokratische Werte und Institutionen hergestellt werden kann und warum der Rationalismus ein Hindernis für ein solches Verständnis darstellen kann. Es ist notwendig zu erkennen, dass demokratische Werte nicht durch sophistizierte Vernunftargumente und kontext-unabhängige Wahrheitsbehauptungen bezüglich der Überlegenheit der liberalen Demokratie gestärkt werden können. Die Erzeugung demokratischer Formen von Individualität ist eine Frage der *Identifikation* mit demokratischen Werten, und dies ist ein komplexer Prozess, der sich durch eine Vielzahl von Praktiken, Diskursen und Sprachspielen entwickelt.

Ein Wittgenstein'scher Zugang in der politischen Theorie könnte eine wichtige Funktion für die Stärkung demokratischer Werte erfüllen, da er uns die Entstehungsbedingungen demokratischen Konsenses zu fassen erlaubt. Wie Wittgenstein sagt:

> Die Begründung aber, die Rechtfertigung der Evidenz kommt zu einem Ende; das Ende ist aber nicht, daß uns gewisse Sätze unmittelbar als wahr einleuchten, also eine Art *Sehen* unsrerseits, sondern unser *Handeln*, welches am Grunde des Sprachspiels liegt.[54]

Aus seiner Sicht wird Zustimmung nicht durch Signifikationen (*Meinungen*), sondern durch Lebensformen hergestellt. Es ist die *Einstim-*

mung, die durch eine gemeinsame Lebensform möglich gemacht wird, nicht vernunftproduzierter *Einverstand*,[55] wie bei Habermas. Das, denke ich, ist von wesentlicher Bedeutung und verweist nicht nur auf die Natur jedes Konsenses, sondern enthüllt auch dessen Grenzen: »Wo sich zwei Prinzipien treffen, die sich nicht miteinander aussöhnen können, da erklärt jeder den Andern für einen Narren und Ketzer.« Und: »Ich sagte, ich würden den Andern ›bekämpfen‹, - aber würde ich ihm denn nicht *Gründe* geben? Doch; aber wie weit reichen die? Am Ende der Gründe steht die *Überredung*.«[56]

Ich verstehe diese Betonung der Grenzen, die der Angabe von Vernunftgründen gesetzt sind, als einen wichtigen Ansatzpunkt für die Ausarbeitung einer Alternative zum gegenwärtigen Modell »deliberativer Demokratie« mit ihrem rationalistischen Kommunikationsverständnis und ihrer fehlgeleiteten Suche nach einem Konsens, der vollständig inklusiv wäre. Tatsächlich verstehe ich den »agonistischen Pluralismus«, den ich vertrete[57], als inspiriert von einer Wittgenstein'schen Form theoretischer Reflexion. Er ist ein Versuch zu entwickeln, was ich als eine seiner fundamentalen Einsichten wahrnehme: nämlich die Erkenntnis dessen, was es heißt, einer Regel zu folgen.

An dieser Stelle meiner Argumentation ist es angebracht, die von James Tully vorgeschlagene Wittgensteininterpretation einzubringen, denn sie trifft sich mit meinem Zugang. Tully ist interessiert zu zeigen, in welcher Weise Wittgensteins Philosophie eine Alternative zu der den Konstitutionalismus prägenden Weltanschauung bieten kann. Sein Interesse deckt sich daher nicht exakt mit meinem. Aber es gibt verschiedene Punkte des Zusammentreffens, und viele seiner Reflexionen sind für meine Zwecke von unmittelbarer Relevanz. Von besonderer Bedeutung ist seine Untersuchung der Weise, in der Wittgenstein in den *Philosophischen Untersuchungen* das korrekte Verständnis von Allgemeinbegriffen konzipiert. Tully zufolge lassen sich zwei Argumentationslinien ausmachen. Die erste besteht in der Darlegung, dass »es sich beim Verständnis von Allgemeinbegriffen um keine theoretische Aktivität der Interpretation und Anwendung einer allgemeinen Theorie oder Regel auf partikulare Fälle handelt.«[58] Wittgenstein zeigt auf, indem er Beispiele wie Wegweiser und Landkarten anführt, so dass wir immer im Zweifel bezüglich der Art der erforderlichen

Interpretation und Befolgung einer Regel sein werden. Beispielsweise schreibt er:

> Eine Regel steht da, wie ein Wegweiser. – Läßt er keinen Zweifel offen über den Weg, den ich zu gehen habe? Zeigt er, in welche Richtung ich gehen soll, wenn ich an ihm vorbei bin; ob der Straße nach, oder dem Feldweg, oder querfeldein? Aber wo steht, in welchem Sinne ich ihm zu folgen habe; ob in der Richtung der Hand, oder (z.B.) in der entgegengesetzten?[59]

Daraus folgt, wie Tully bemerkt, dass eine allgemeine Regel »das Phänomen, das wir mit dem Verständnis der Bedeutung eines Allgemeinbegriffs verbinden, erklären kann: die Fähigkeit, einen Allgemeinbegriff zu verwenden wie auch seine akzeptierte Verwendung – in unterschiedlichen Umständen und ohne rekursive Zweifel – in Frage zu stellen«.[60] Dies sollte uns dazu führen, von der Idee abzulassen, die Regel und ihre Interpretation würden »Bedeutung determinieren«, und stattdessen anzuerkennen, dass das Verständnis eines Allgemeinbegriffs nicht darin besteht, eine Theorie zu erfassen, die mit der Fähigkeit, diesen in verschiedenen Kontexten zu verwenden, zusammenfällt. Für Wittgenstein ist das »Regelbefolgen« eine Praktik, und unser Regelverständnis besteht im Beherrschen einer Technik. Die Verwendung von Allgemeinbegriffen muss deshalb im Sinne intersubjektiver »Praktiken« oder »Gewohnheiten« verstanden werden, die sich von Spielen wie Schach oder Tennis gar nicht so sehr unterscheiden. Aus diesem Grund besteht Wittgenstein darauf, dass es ein Fehler wäre, jede einer Regel entsprechende Handlung als »Interpretation« zu bewerten: »Dadurch zeigen wir nämlich, daß es eine Auffassung einer Regel gibt, die *nicht eine Deutung* ist; sondern sich, von Fall zu Fall der Anwendung, in dem äußert, was wir ›der Regel folgen‹, und wir ›ihr entgegenhalten‹ nennen.«[61]

Tully geht davon aus, dass die weit reichenden Konsequenzen dieser Auffassung übersehen werden, wenn man – wie Peter Winch – behauptet, dass Menschen, die in ihren alltäglichen Handlungen Allgemeinbegriffe verwenden, weiterhin Regeln befolgen würden, aber dass diese Regeln einem impliziten Hintergrundverständnis entsprächen, das von allen Teilnehmern einer Kultur geteilt würde. Er argumentiert, damit hänge man einem Verständnis von Gemeinschaften als homogenen Ganzheiten an und negiere Wittgensteins zweites Argument, »die Vielfalt der Verwendungsweisen« sei zu »unterschiedlich, verworren, umkämpft und kreativ, um von Regeln geleitet zu sein«.[62] Gemäß Wittgenstein sollten wir nicht versuchen, alle Spiele darauf zu reduzieren, was sie gemeinsam haben *müssen*, sondern wir sollten sehen, »ob ihnen allen etwas gemeinsam ist«, und wir würden »Ähnlichkeiten, Verwandtschaften, sehen, und zwar eine ganze Reihe«, deren Ergebnis »ein kompliziertes Netz von Ähnlichkeiten, die einander übergreifen und kreuzen« sei – von Wittgenstein als »Familienähnlichkeiten« charakterisiert.[63]

Ich behaupte, dass diese zentrale Einsicht die eigentlichen Absichten jener unterminiert, die den »deliberativen« Zugang zum Ziel der Demokratie erheben: die Erzeugung eines rationalen Konsenses, der auf universellen Prinzipien gebaut ist. Sie glauben, durch rationale Deliberation könne ein unparteiischer Standpunkt erreicht werden, von dem aus Entscheidungen getroffen werden können, die gleichermaßen im Interesse aller liegen.[64] Wittgenstein legt seinerseits eine andere Sicht der Dinge nahe. Folgen wir seinen Hinweisen, dann sollten wir die unterschiedlichen Formen, in denen das »demokratische Spiel« gespielt werden kann, anerkennen und wertschätzen, anstatt diese Vielfalt auf ein uniformes Modell der Aktivbürgerschaft [*citizenship*] zu reduzieren. Das würde die Stärkung einer Pluralität an Ausformungen demokratischer Aktivbürgerschaft implizieren, sowie die Schaffung von Institutionen, die es erlauben, den demokratischen Regeln auf unterschiedliche Weise zu folgen. Wittgenstein lehrt uns, dass es keine angemessenste, »rationalste« Art gibt, in der wir diesen Regeln gehorchen können. Das anzuerkennen, ist gerade konstitutiv für eine pluralistische Demokratie. »Einer Regel folgen«, sagt Wittgenstein, »das ist analog dem: einen Befehl befolgen. Man wird dazu abgerichtet und man reagiert auf ihn in bestimmter Weise. Aber wie, wenn nun der Eine *so*, der Andere *anders* auf Befehl und Abrichtung reagierte? Wer hat dann Recht?«[65] Diese Frage erweist sich in der Tat als zentral für die Demokratietheorie. Und sie kann nicht gelöst werden, indem (wie von den Rationalisten) behauptet wird, es gäbe ein korrektes Regelverständnis, das jede rationale Person akzeptieren müsse. Sicher, wir müssen in der Lage sein, zwischen »der Regel gehorchen« und »ihr zuwiderhandeln« unterscheiden zu können. Aber es muss ein Raum eröffnet werden für die vielen unterschiedlichen Praktiken, denen das Befolgen demokratischer Regeln eingeschrieben sein kann. Und dies sollte man sich nicht als eine vorübergehende Stufe in einem Prozess vorstellen, der zur Realisierung eines rationalen Konsenses führt, sondern als konstitutives Merkmal einer demokratischen Gesellschaft. Demokratische Zivilbürgerschaft kann viele unterschiedliche Formen annehmen, und solch eine Diversität ist weit davon entfernt, eine Gefahr für die Demokratie darzustellen. Sie ist in Wahrheit deren eigentliche Existenzbedingung. Das wird natürlich zu Konflikten führen, und es wäre ein Fehler zu erwarten, dass all diese unterschiedlichen Verständnisweisen koexistieren, ohne aneinander zu geraten. Aber dieser Kampf wird nicht unter »Feinden« geführt werden, sondern unter »Gegnern«, da alle Teilnehmer des Wettbewerbs die Positionen der anderen als legitim erachten. Solch ein Verständnis demokratischer Politik, das ich genau als »agonistischen Pluralismus« bezeichne, ist undenkbar innerhalb einer rationalistischen Problematik, die notwendigerweise dazu tendiert, Diversität auszulöschen. Im Unterschied dazu kann eine von Wittgenstein inspirierte Perspektive zu ihrer Formulierung beitragen, und aus diesem Grund kann sein Beitrag zum Denken der Demokratie gar nicht hoch genug eingeschätzt werden.

WITTGENSTEIN UND VERANTWORTUNG

Ich möchte allerdings enden, indem ich eine Warnung ausspreche. Jene, die das Wittgenstein'sche Verständnis von der Zentralität der Praktiken und Lebensformen teilen, können mehrere Wege einschlagen, und nicht alle haben die gleichen Konsequenzen für das Denken der Demokratie. Selbst unter jenen, die der großen Bedeutung von Wittgensteins späterem Werk zustimmen würden, gibt es signifikante Divergenzen, die sich auf die neue Form politischen Theorisierens, die ich vertrete, auswirken.

So denke ich beispielsweise, dass die von Stanley Cavell vorgebrachte Kritik der Angleichung von Wittgenstein an den Pragmatismus wichtige Fragen in Bezug auf die Natur des demokratischen Projekts aufwirft. Wenn Wittgenstein sagt: »Habe ich die Begründungen erschöpft, so bin ich nun auf dem harten Felsen angelangt, und mein Spaten biegt sich zurück. Ich bin dann geneigt zu sagen: ›So handle ich eben‹«[66], dann vollzieht er in Cavells Augen keine typisch pragmatische Bewegung, die ein Sprachverständnis verteidigen würde, in welchem Gewissheit zwischen den Wörtern und der Welt auf Handlung basiere. Aus Cavells Sicht ist »dies ein Ausdruck weniger von Handlung als von Leidenschaft – oder von Impotenz, die in Form von Potenz ausgedrückt wird.«[67] Kripkes Interpretation, Wittgenstein habe eine skeptische Entdeckung gemacht, die er skeptisch beantwortet habe, hält Cavell entgegen, dies würde den Umstand übersehen, dass für Wittgenstein

> Skeptizismus weder wahr noch falsch ist, sondern eine ständige menschliche Herausforderung des Menschlichen; dass diese Abwesenheit des Siegers die Tatsache zu artikulieren hilft, dass in einer Demokratie, die Gerechtigkeit hinreichend verkörpert, die Konversation über die Frage, wie gut ihre Gerechtigkeit ist, stattfinden muss und zugleich keinen Sieger kennen darf; dass dies nicht deshalb geschehen soll, weil eine Übereinkunft immer hergestellt werden kann oder sollte, sondern weil Meinungsverschiedenheiten und die Verschiedenheit von Positionen Befriedigung finden und auf je bestimmte Weise erzielt und ausgedrückt werden dürfen.[68]

Das hat weitreichende Implikationen für Politik, denn es schließt jenen Typus des selbstgerechten liberalen Demokratieverständnisses aus, für den zum Beispiel Pragmatiker wie Richard Rorty von vielen kritisiert wurden. Eine radikale Lektüre Wittgensteins muss betonen – wie dies Cavell in seiner Kritik an Rawls getan hat[69] – dass die Beendigung einer Konversation immer eine persönliche Wahl ist, eine *Entscheidung*, die nicht einfach als bloße Anwendung von Prozeduren dargestellt und als einzig möglicher Spielzug, den wir unter diesen Umständen machen können, gerechtfertigt werden kann.

Mit Berufung auf Wittgensteins Einsichten hat Cavell in der Tat herausgearbeitet, dass Rawls' Theorie der Gerechtigkeit eine ausgesprochen bedeutsame Dimension dessen unterdrückt, was geschieht, wenn wir in Situationen, in denen das Ausmaß der Übereinstimmung zwischen der Gesellschaft und ihrem Ideal in Frage steht, die Erwartungen bewerten, die an uns im Namen der Gerechtigkeit herangetragen werden. So kritisierte er folgende Rawls'sche Annahme: »Wer unzufrieden ist, muß bereit sein zu zeigen, warum bestimmte Institutionen ungerecht sind, oder wie sie von den anderen verletzt worden sind.«[70] Wenn sie dazu nicht in der Lage sind, dann können wir aus Rawls' Sicht davon ausgehen, dass unser Verhalten untadelig war und wir die Konversation einem Ende zuführen können. Doch was, so fragt Cavell, »wenn es einen Schrei nach Gerechtigkeit gibt, der nicht das Gefühl ausdrückt, in einer ungleichen, jedoch fairen Auseinandersetzung verloren zu haben, sondern von Beginn an ausgeschlossen gewesen zu sein«[71]? Indem er als Beispiel die Situation Noras in Ibsens Schauspiel *Ein Puppenhaus* heranzieht, zeigt er, wie die Beraubung einer Stimme innerhalb der Konversation um Gerechtigkeit Ergebnis des moralischen Konsenses selbst sein kann. Er argumentiert, seiner Wittgenstein'schen Inspiration treu bleibend, wir sollten niemals die Verantwortung für unsere Entscheidungen zurückweisen, indem wir uns auf die Imperative allgemeiner Regeln oder Prinzipien berufen.

Ich denke, Cavell betont zurecht, dass Wittgensteins Philosophie keine Suche nach Gewissheit darstellt, sondern eine nach Verantwortung, und dass sie uns lehrt, dass jede Behauptung auf dem Treffen von Annahmen basiert, was etwas ist, das von allen Menschen *getan* wird und wofür sie Verantwortung übernehmen sollten. Diese Betonung des Moments der *Entscheidung* und der *Verantwortung* erlaubt es uns, demokratische Politik auf eine andere Weise zu konzipieren, denn sie unterläuft die immerwährende Versuchung, in demokratischen Gesellschaften die existierenden Formen des Ausschlusses unter dem Schleier der Rationalität oder der Moral zu verbergen. Indem die Möglichkeit einer kompletten Reabsorption von Alterität durch »Einheit und Harmonie« ausgeschlossen wird, etabliert dieses Bestehen auf der Notwendigkeit, die Konversation bezüglich Gerechtigkeit für immer offen zu lassen, die Basis für ein Projekt »radikaler und pluraler Demokratie«[72]. Es ist wert festzuhalten, dass Cavells Wittgensteinlektüre viele wichtige Konvergenzpunkte zwischen Wittgenstein und Derridas Theorie der Unentscheidbarkeit und ethischen Verantwortung ans Licht bringt.[73]

> Jeder Entscheidung, jeder sich ereignenden Entscheidung, jedem Entscheidungs-Ereignis wohnt das Unentscheidbare wie ein Gespenst inne, wie ein wesentliches Gespenst. Sein Gespensterhaftes dekonstruiert im Inneren jede Gegenwarts-Versicherung, jede Gewißheit, jede vermeintliche Kriteriologie, welche die Gerechtigkeit einer Entscheidung (eines Entscheidungs-Ereignisses) (ver)sichert, ja welche das Entscheidungs-Ereignis selbst sicherstellt.[74]

Für Derrida – wie für Wittgenstein – müssen wir, um Verantwortung zu verstehen, den Traum totaler Beherrschbarkeit und das Phantasma, wir könnten unseren menschlichen Lebensformen entkommen, aufgeben. Beide statten uns mit einer neuen Denkweise von Demokratie aus, die sich fundamental von den dominanten rationalistischen Zugängen unterscheidet. Ein demokratisches Denken, das ihre Einsichten inkorporiert, kann gegenüber der Vielfalt an Stimmen, die eine pluralistische Gesellschaft einschließt, sowie gegenüber der Notwendigkeit, ihnen Ausdruck zu geben und nicht nach Harmonie und Konsens zu streben, offener sein. Es anerkennt, dass es notwendig ist, soll die Schließung des demokratischen Raums verhindert werden, jede Bezugnahme auf die Idee eines Konsenses aufzugeben, der nicht destabilisierbar ist, weil er auf Gerechtigkeit und Vernunft basiert. Das Haupthindernis für eine »radikal-pluralistische-demokratische« Perspektive besteht in der fehlgeleiteten Suche nach Konsensus und Versöhnung – und das wird von Wittgenstein, mit seinem Bestehen auf der Notwendigkeit, Differenzen zu respektieren, in ausgesprochen eindrucksvoller Weise bezeugt.

Kapitel 4
Für ein agonistisches Demokratiemodell

Während sich dieses turbulente Jahrhundert dem Ende zuneigt, scheint liberale Demokratie als einzig legitime Regierungsform anerkannt zu werden. Aber bedeutet das ihren endgültigen Sieg über ihre Gegner, wie manche behaupten? Es gibt ernstliche Gründe, solch einer Behauptung mit Skepsis zu begegnen. Zum ersten ist nicht klar, wie stark der gegenwärtige Konsens ist und wie lange er andauern wird. Während sehr wenige den Mut aufbringen, das liberal-demokratische Modell offen herauszufordern, vermehren sich die Zeichen der Entfremdung von den gegenwärtigen Institutionen. Immer mehr Leute fühlen, dass traditionelle Parteien aufgehört haben, ihre Interessen zu berücksichtigen, und Parteien der extremen Rechten erzielen in vielen europäischen Ländern erhebliche Erfolge. Darüberhinaus herrscht selbst unter jenen, die dem Ruf der Demagogen widerstehen, eine ausgesprochen zynische Einstellung gegenüber Politik und Politikern, was einen korrosiven Einfluss auf die Kohäsionskraft demokratischer Werte hat. In den liberal-demokratischen Gesellschaften ist ganz klar eine negative Kraft am Werk, die dem Triumphalismus widerspricht, den wir seit dem Fall des Sowjetkommunismus beobachtet haben.

Mit diesen Beobachtungen im Kopf werde ich die gegenwärtige Debatte in der Demokratietheorie untersuchen. Ich möchte die Vorschläge auswerten, die Demokratietheoretiker zur Solidierung demokratischer Institutionen anbieten. Ich werde meine Aufmerksamkeit auf das neue Paradigma der Demokratie konzentrieren: auf das Modell »deliberativer Demokratie«, dem zurzeit am schnellsten anwachsenden Trend innerhalb dieses Felds. Sicher, die Hauptidee – dass in einem demokratischen Gemeinwesen, politische Entscheidungen durch einen Deliberationsprozess zwischen freien und gleichen Bürgern erzielt werden sollten – hat Demokratie seit ihrer Geburt im Athen des fünften Jahrhunderts v. Chr. begleitet. Die Formen der Deliberation und die Gruppen, die zu ihr berechtigt waren, haben ausgesprochen variiert, aber Deliberation hat seit langem eine zentrale Rolle im demokratischen Denken gespielt. Was wir heute sehen, ist daher das Revival eines alten Themas und nicht das plötzliche Auftauchen eines neuen.

Allerdings muss die Ursache dieses neuerwachten Interesses an Deliberation (wie auch ihre gegenwärtigen Modalitäten) genau untersucht werden. Eine Erklärung hat sicher mit den Problemen zu tun, denen sich demokratische Gesellschaften heute gegenüber sehen. Tatsächlich besteht ein offenes Ziel der deliberativen Demokraten darin, eine Alternative zu jenem Demokratieverständnis anbieten zu wollen, welches in der zweiten Hälfte des zwanzigsten Jahrhunderts dominant wurde: das »aggregative Modell«. Dieses Modell wurde von dem bahnbrechenden Werk Joseph Schumpeters aus dem Jahr 1947, *Kapitalismus, Sozialismus und Demokratie*[75], initiiert, in dem argumentiert wurde, mit der Entwicklung der Massendemokratie sei Volkssouveränität, wie sie im klassischen Demokratiemodell verstanden wurde, inadäquat geworden. Ein neues Demokratieverständnis werde benötigt, welches die Aggregation von Präferenzen durch politische Parteien betone, die die Menschen in regelmäßigen Abständen wählen könnten. Von daher kommt Schumpeters Vorschlag, Demokratie als jenes System zu definieren, in dem Menschen dank eines kompetitiven elektoralen Prozesses die Gelegenheit haben, ihre Führer zu akzeptieren oder abzulehnen.

Weiterentwickelt von Theoretikern wie Anthony Downs in *An Economic Theory of Democracy*[76] wurde das Aggregationsmodell zum Standardmodell in jenem Feld, das sich selbst »empirische politische Theorie« betitelt. Ziel dieser Strömung war es, in Opposition zum klassisch normativen einen deskriptiven Zugang zu Demokratie auszuarbeiten. Die dieser Schule anhängenden Autoren gingen davon aus, dass unter modernen Bedingungen Begriffe wie »Gemeingut« oder »Allgemeinwille« aufgegeben werden müssten und der Pluralismus von Interessen und Werten als koextensiv mit der eigentlichen Idee »des Volkes« anerkannt werden müsse. Da aus ihrer Sicht Individuen darüber hinaus nicht durch die moralische Überzeugung, tun zu müssen, was im Interesse der Gemeinschaft liegt, sondern durch Selbstinteresse zum Handeln motiviert würden, erklärten sie, Interessen und Präferenzen sollten die Linien konstituieren, an denen entlang politische Parteien organisiert werden, sowie die Materie politischer Verhandlungen und Wahlen. Populare Partizipation in der Entscheidungsfindung sollte eher entmutigt werden, da ihre Konsequenzen nur dysfunktional für die reibungslose Arbeit des Systems wären. Stabilität und Ordnung resultierten mit größerer Wahrscheinlichkeit aus Interessenskompromissen als aus der Mobilisierung der Leute in Hinsicht auf einen illusorischen Konsens bezüglich des Gemeinguts. In der Folge wurde demokratische Politik von ihrer normativen Dimension abgelöst und immer mehr unter rein instrumentalistischen Gesichtspunkten betrachtet.

Die Dominanz des Aggregationsmodells – mit seiner Reduktion von Demokratie auf Prozeduren zur Behandlung eines Interessensgruppenpluralismus – begann die neue Welle normativer politischer Theorie, 1971 inauguriert durch John Rawls mit der Veröffentlichung seines Buches *Eine Theorie der Gerechtigkeit*[77], in Frage zu stellen. Heute wird sie vom Deliberationsmodell herausgefordert. Für beide steht sie am Ursprung der gegenwärtigen Entfremdung von demokratischen Institutionen und der wuchernden Legitimitätskrise westlicher Demokratien. Die Zukunft liberaler Demokratie hängt aus ihrer Sicht von der Wiederentdeckung der moralischen Dimension ab. Während das »Faktum des Pluralismus« (Rawls) und die Notwendigkeit, vielen verschiedenen Konzeptionen des Guten Raum zu machen, nicht verneint wird, affirmieren deliberative Demokraten die Möglichkeit, einen Konsens herzustellen, der tiefer wäre als eine »bloße Übereinkunft bezüglich Prozeduren«, einen Konsens, der als »moralisch« gelten könnte.

DELIBERATIVE DEMOKRATIE: IHRE ZIELE

Deliberative Demokraten sind mit ihrem Versuch, eine Alternative zur dominanten Aggregationsperspektive mitsamt ihrer verarmten Vorstellung von demokratischen Prozessen zu offerieren, natürlich nicht allein. Die Spezifik ihres Ansatzes besteht in der Forcierung einer Form *normativer* Rationalität. Charakteristisch ist also der Versuch, dem Zugehörigkeitsgefühl zur liberalen Demokratie eine solide Basis zu geben, indem sie die Idee demokratischer Souveränität mit der Verteidigung liberaler Institutionen versöhnen. Tatsächlich lässt sich festhalten, dass viele der Advokaten deliberativer Demokratie, obwohl einem bestimmten Typus des *modus-vivendi*-Liberalismus kritisch gesonnen, keine Anti-Liberalen sind. Anders als viele früheren marxistischen Kritiker betonen sie die zentrale Rolle, die liberale Werte für die moderne Demokratiekonzeption spielen. Ihr Ziel besteht nicht darin, den Liberalismus aufzugeben, sondern seine moralische Dimension wiederzuentdecken und ein enges Band zwischen liberalen Werten und Demokratie zu knüpfen.

Ihre zentrale Behauptung lautet, dass es dank adäquater Deliberationsprozeduren möglich sei, Formen der Zustimmung zu erreichen, die sowohl den Ansprüchen der Vernunft (verstanden als Verteidigung liberaler Rechte) als auch der demokratischen Legitimität (wie sie von der Volkssouveränität repräsentiert wird) gerecht werden. Ihr Schachzug besteht in der Reformulierung demokratischer Prinzipien der Volkssouveränität auf eine Weise, welche die Gefahren, die sie für liberale Werte bedeuten könnte, eliminiert. Das Wissen um diese Gefahren ließ Liberale sich oft vor popularer Partizipation hüten und trieb sie an, Wege zu finden, diese zu entmutigen oder einzugrenzen. Deliberative Theoretiker glauben, diese Risiken ließen sich vermeiden, womit sie Liberalen erlauben, demokratische Ideale mit weit größerem Enthusiasmus anzunehmen als bisher. Eine Lösung ist, Volkssouveränität in intersubjektiven Begriffen zu reinterpretieren und sie als »kommunikativ erzeugte Macht«[78] zu redefinieren.

Es gibt viele verschiedene Versionen deliberativer Demokratie, aber sie können grob in zwei Schulen unterschieden werden, wobei die erste mehr von John Rawls beeinflusst ist, die zweite mehr von Jürgen Habermas. Ich werde mich deshalb auf diese beiden Autoren konzentrieren, sowie auf zwei ihrer Gefolgsleute: Joshua Cohen für die Rawls'sche Seite, Seyla Benhabib für die Habermas'sche. Ich leugne natürlich nicht die Differenzen zwischen beiden Seiten – auf die ich im Verlauf meiner Diskussion hinweisen werde –, aber genauso gibt es wichtige Konvergenzen, die aus Perspektive meiner Untersuchung bedeutsamer sind als die Unstimmigkeiten.

Wie ich bereits andeutete, besteht das Hauptziel des deliberativen Ansatzes – ein Ziel, das Rawls und Habermas gemeinsam ist – in der Sicherung eines festen Bandes zwischen Demokratie und Liberalismus, womit all jene Kritiker – von der Rechten wie von der Linken – widerlegt werden sollen, die die widersprüchliche Natur liberaler Demokratie betont hatten. Rawls etwa erklärt, seine Ambition sei es, einen demokratischen Liberalismus auszuarbeiten, der sowohl den Ansprüchen der Freiheit als auch jenen der Gleichheit gerecht werden könne. Er möchte eine Lösung für die Meinungsverschiedenheiten finden, die im demokratischen Denken der vergangenen Jahrhunderte existierten,

> zwischen der an Locke anknüpfenden Tradition, die den von Constant so genannten »Freiheiten der Modernen« größeres Gewicht gibt (Gedanken- und Gewissensfreiheit, gewisse Grund- und Eigentumsrechte der Person, Rechtsstaatlichkeit), und der an Rousseau anknüpfenden Tradition, die den von Constant so genannten »Freiheiten der Alten« mehr Bedeutung beilegt (den gleichen politischen Freiheiten und den Werten des öffentlichen Lebens).[79]

Was Habermas betrifft, so macht sein jüngeres Buch *Faktizität und Geltung* deutlich, dass eine der Absichten seiner prozeduralen Demokratietheorie darin besteht, die »Gleichursprünglichkeit« von fundamentalen individuellen Rechten und Volkssouveränität nachzuweisen. Auf der einen Seite dient Selbstregierung der Bewahrung individueller Rechte; auf der anderen Seite stellen diese Rechte die notwendigen Bedingungen zur Ausübung der Volkssouveränität dar. Sobald sie auf diese Weise konzipiert werden, »wird die Zusammengehörigkeit von Volkssouveränität und Menschenrechten, also die Gleichursprünglichkeit von politischer und privater Autonomie verständlich«.[80]

Ihre Gefolgsleute Cohen und Benhabib betonen ebenfalls die versöhnende Dimension des deliberativen Projekts. Während Cohen betont, es sei verfehlt, die »Freiheiten der Modernen« außerhalb des demokratischen Prozesses zu verorten, und stattdessen egalitäre und liberale Werte mehr als Elemente von Demokratie und weniger als deren Hemmnisse betrachtet,[81] erklärt Benhabib, das deliberative Modell könne die Dichotomie zwischen der liberalen Betonung individueller Rechte und Freiheiten und der demokratischen Betonung der Bildung von Kollektiven und der Willensbildung überwinden.[82]

Ein weiterer Konvergenzpunkt der beiden Versionen deliberativer Demokratie ist ihr gemeinsames Bestehen auf der Möglichkeit, Autorität und Legitimität auf beliebige Formen öffentlichen Räsonierens zu gründen, sowie ihr gemeinsamer Glaube an eine Form der Rationalität, die nicht rein instrumentell ist, sondern eine normative Dimension besitzt: das »Vernünftige« für Rawls, die »kommunikative Vernunft« für Habermas. In beiden Fällen wird eine strenge Trennung zwischen »bloßer Übereinstimmung« und »rationalem Konsens« herbeigeführt, und das der Politik angemessene Feld wird mit dem Austausch von Argumenten zwischen vernünftigen Personen, die vom Prinzip der Unparteilichkeit geleitet sind, identifiziert.

Habermas wie Rawls glauben, dass sich in den Institutionen liberaler Demokratie der idealisierte Inhalt praktischer Rationalität auffinden lässt. Worin sie voneinander abweichen, ist in ihrer Erhellung der Form praktischer Vernunft, die von demokratischen Institutionen verkörpert wird. Rawls betont die Rolle der Prinzipien der Gerechtigkeit, erreicht durch das Hilfsmittel des Urzustands, der die Teilnehmenden dazu zwingt, all ihre Partikularität und Interessen beiseite zu lassen. Gemeinsam mit den konstitutionellen Grundlagen liefert seine Konzeption von »Gerechtigkeit als Fairness« – welche die Priorität grundlegender liberaler Prinzipien behauptet – den Rahmen für die Ausübung »freien öffentlichen Vernunftgebrauchs«. Was Habermas betrifft, so verteidigt er einen seiner Auffassung nach strikt prozeduralistischen Ansatz, demzufolge Umfang und Inhalt der Deliberation keine Grenzen gesetzt sind. Worauf sich die Teilnehmer am moralischen »Diskurs« nicht einigen können, sind die prozeduralen Einschränkungen der idealen Sprechsituation. Wie Benhabib ins Gedächtnis ruft, besitzt solch ein Diskurs folgende Merkmale:

> (1) Teilnahme an solch einer Deliberation wird durch die Normen der Gleichheit und Symmetrie gelenkt; alle haben die gleichen Chancen, Sprechakte zu initiieren, in Frage zu stellen, zu befragen und Debatten zu eröffnen; (2) alle besitzen das Recht, die der Konversation zugewiesenen Themen in Frage zu stellen; und (3) alle haben das Recht, reflexive Argumente bezüglich der eigentlichen Regeln der Diskursprozedur zu initiieren, wie auch bezüglich der Weise, in der sie angewandt und durchgeführt werden. Es gibt keine prima facie-Regeln, die die Agenda der Konversation oder die Identitäten der Teilnehmer einschränken, solange jede ausgeschlossene Person oder Gruppe mit Recht zeigen kann, dass sie von der fraglichen Norm in relevanter Hinsicht betroffen ist.[83]

In dieser Perspektive leitet sich die Basis der Legitimität demokratischer Institutionen aus dem Umstand ab, dass jene, die verbindliche Macht zu besitzen behaupten, dies unter der Annahme tun, dass ihre Entscheidungen einen unparteiischen Standpunkt repräsentieren, der gleichermaßen im Interesse aller liegt. Nachdem er behauptet hat, dass demokratische Legitimität kollektiven Entscheidungen unter gleichwertigen Teilnehmern erwächst, erklärt Cohen: »Der *deliberativen* Konzeption zufolge ist eine Entscheidung nur dann kollektiv, wenn sie aus Arrangements bindender kollektiver Entscheidungen hervorgeht, die Bedingungen *freien öffentlichen Räsonierens unter Gleichen, die von den Entscheidungen betroffen sind*, herstellen.«[84]

Aus solch einer Sicht reicht es für eine demokratische Prozedur nicht aus, die Interessen aller zu berücksichtigen und einen Kompromiss zu erzielen, der einen modus vivendi etabliert. Ziel ist es, »kommunikative Macht« zu generieren, und dies erfordert die Herstellung von Bedingungen, unter denen alle Betroffenen freiwillig Zustimmung bezeugen können. Daher die Bedeutung der Suche nach Prozeduren, die moralische Unparteilichkeit garantieren könnten. Denn nur dann kann man sicher sein, dass der erzielte Konsensus rational ist und nicht eine bloße Übereinkunft darstellt. Aus diesem Grund wird die Betonung auf die Natur der deliberativen Prozedur und jene Art von Gründen gelegt, die kompetenten Teilnehmern akzeptabel erscheinen. Benhabib fasst dies auf folgende Weise:

> Dem deliberativen Demokratiemodell gemäß besteht eine notwendige Bedingung zur Erzielung von Legitimität und Rationalität hinsichtlich kollektiver Entscheidungsprozesse in einem Gemeinwesen darin, dass die Institutionen dieses Gemeinwesens so arrangiert sind, dass das im gemeinsamen Interesse aller Betrachtete aus Prozessen kollektiver Deliberation resultiert, die rational und fair unter freien und gleichen Individuen durchgeführt wurden.[85]

Für Habermasianer führt der Deliberationsprozess zu garantiert vernünftigen Ergebnissen, soweit er die Bedingungen des »idealen Diskurses« erfüllt: Je gleicher, unparteiischer und offener der Prozess ist, desto weniger werden die Teilnehmer gezwungen und sind bereit, sich von der Kraft des besseren Arguments leiten zu lassen, desto wahrscheinlicher werden wahrhaft generalisierbare Interessen von allen auf relevante Weise Betroffenen akzeptiert werden. Habermas und seine Gefolgsleute leugnen nicht, dass die Realisierung des idealen Diskurses mit Hindernissen konfrontiert sein wird, aber diese Hindernisse werden als *empirisch* verstanden. Sie sind dem Umstand geschuldet, dass es – aufgrund der praktischen und empirischen Begrenztheit sozialen Lebens – unwahrscheinlich ist, dass wir je in der Lage sein werden, alle unsere partikularen Interessen vollständig beiseite zu lassen, um mit unserem universellen rationalen Selbst Einklang zu finden. Aus diesem Grund wird die ideale Sprechsituation als »regulative Idee« präsentiert.

Weiters akzeptiert Habermas inzwischen, dass es Themen gibt, die außerhalb der Praktiken rationaler öffentlicher Debatte verbleiben müssen – wie existentielle Belange, die keine Fragen der »Gerechtigkeit«, sondern solche des »guten Lebens« betreffen, das für ihn die

Domäne der Ethik darstellt, oder Konflikte zwischen Interessengruppen um distributive Probleme, die nur durch Kompromisse gelöst werden können. Doch er sagt: »Aber diese Differenzierung innerhalb des Bereichs politisch entscheidungsbedürftiger Fragestellungen spricht weder gegen den Vorrang moralischer Überlegungen, noch gegen die argumentative Form der politischen Kommunikation im ganzen.«[86] Aus seiner Sicht gehören fundamentale politische Fragen der gleichen Kategorie wie moralische Fragen an und können rational entschieden werden. Im Unterschied zu ethischen Fragen beruhen sie nicht auf ihrem Kontext. Die Validität ihrer Beantwortung fließt aus einer unabhängigen Quelle und besitzt universelle Reichweite. Er besteht unnachgiebig darauf, dass der Austausch von Argumenten und Gegenargumenten, wie er von diesem Ansatz vorgestellt wird, die angemessenste Prozedur zur Erreichung der rationalen Willensformation sei, aus der das Allgemeininteresse hervorgehen werde.

Deliberative Demokratie – in beiden hier untersuchten Versionen – gesteht dem Aggregationsmodell zu, dass unter modernen Bedingungen eine Pluralität von Werten und Interessen berücksichtigt werden muss und auf Konsens bezüglich dessen, was Rawls umfassende Vorstellungen religiöser, moralischer oder philosophischer Natur nennt, verzichtet werden muss. Aber ihre Verteidiger akzeptieren nicht, dass dies die Unmöglichkeit eines rationalen Konsenses bezüglich politischer Entscheidungen beinhaltet, wenn man darunter nicht einen simplen *modus vivendi* versteht, sondern eine moralische Form der Zustimmung, die aus dem Vernunftgebrauch unter Gleichen resultiert. Gesetzt, die Prozeduren der Deliberation sichern Unparteilichkeit, Gleichheit, Offenheit und die Abwesenheit von Zwang, so werden sie die Deliberation in Richtung verallgemeinerungsfähiger Interessen führen, auf die sich alle Teilnehmer einigen können, was legitime Ergebnisse produziert. Das Thema der Legitimität wird von den Habermasianern stärker betont, aber in dieser Frage gibt es keinen fundamentalen Unterschied zwischen Habermas und Rawls. Tatsächlich definiert Rawls das liberale Legitimitätsprinzip auf eine Weise, die mit Habermas' Vorstellung kongruent ist. So behauptet Rawls, »daß die Ausübung politischer Macht nur dann angemessen und zu rechtfertigen ist, wenn sie in Übereinstimmung mit einer Verfassung geschieht, von der wir vernünftigerweise erwarten können, daß alle Bürger sie im Lichte der von ihnen bejahten Grundsätze und Ideale anerkennen.«[87] Diese normative Kraft, die dem Prinzip allgemeiner Rechtfertigung zugeschrieben wird, geht mit Habermas' Diskursethik zusammen, und aus diesem Grund lässt sich für die Möglichkeit der Reformulierung des Rawls'schen politischen Konstruktivismus in der Sprache der Diskursethik argumentieren.[88] Tatsächlich tut dies in gewissem Ausmaß Cohen, und deshalb gibt er ein gutes Beispiel für die Kompatibilität der beiden Ansätze. Besonders betont er die deliberativen Prozesse und unterstreicht, dass Demokratie, wird sie als ein System sozialer und politischer Arrangements konzipiert, die die Ausübung von Macht an das freie Räsonieren unter Gleichen koppeln, von den Teilnehmern nicht nur erfordert, frei und gleich zu sein, sondern auch »vernünftig«. Darunter versteht er, dass »sie Institutionen und Programme in Form von Überlegungen verteidigen und kritisieren müssen, die andere – als Freie und Gleiche – *zu akzeptieren Gründe* haben, geht man vom Faktum des vernünftigen Pluralismus aus.«[89]

DIE FLUCHT VOR DEM PLURALISMUS

Nachdem ich die Hauptideen der deliberativen Demokratie umrissen habe, werde ich nun im Detail einige Punkte der Debatte zwischen Rawls und Habermas untersuchen, um kenntlich zu machen, was für mich die zentrale Schwachstelle des Deliberationsansatzes ist. Zwei Punkte halte ich dabei für besonders relevant.

Der erste ist, dass eine der zentralen Behauptungen des von Rawls vertretenen »politischen Liberalismus« lautet, dieser Liberalismus sei nicht metaphysisch, sondern politisch. Und weiters sei er unabhängig von umfassenden Lehren. Eine klare Trennung wird hergestellt zwischen dem Bereich des *Privaten* – wo eine Pluralität von unterschiedlichen und unversöhnbaren umfassenden Lehren existiert – und dem Bereich des *Öffentlichen*, wo ein überlappender Konsens bezüglich einer gemeinsamen Gerechtigkeitskonzeption hergestellt werden kann.

Habermas behauptet, Rawls' Strategie, philosophisch kontroversiellen Themen auszuweichen, scheitere, da es unmöglich sei, seine Theorie in der freistehenden Weise, die er ankündigt, zu entwickeln. Tatsächlich konfrontieren ihn sein Begriff des »Vernünftigen« wie auch seine Konzeption der »Person« notwendigerweise mit Fragen der Rationalitätskonzeption und der Wahrheit, denen er auszuweichen behauptet.[90] Darüber hinaus erklärt Habermas, sein Zugang sei jenem von Rawls aufgrund seines strikt prozeduralen Charakters überlegen, der es ihm erlaube, »mehr Fragen offen zu lassen, da er dem *Prozess* rationaler Meinungs- und Willensbildung mehr zutraut«.[91] Da er keine Trennung zwischen dem Öffentlichen und dem Privaten einführt, sei er besser ausgestattet, um die umfassende Deliberation, die Demokratie beinhalte, zu erfassen. Darauf antwortet Rawls, Habermas' Zugang könne keineswegs so strikt prozedural sein wie unterstellt. Er müsse eine substantielle Dimension beinhalten, da Fragen, die die Ergebnisse von Prozeduren betreffen, nicht von deren Design ausgeschlossen werden können.[92]

Ich denke, dass beide in ihrer jeweiligen Kritik recht haben. Rawls' Konzeption ist tatsächlich nicht so unabhängig von umfassenden Lehren, wie er vorgibt, und Habermas kann nicht so rein prozeduralistisch sein, wie er vorgibt. Dass beide nicht in der Lage sind, das Öffentliche vom Privaten oder das Prozedurale vom Substantiellen so klar zu trennen, wie sie behaupten, ist sehr vielsagend. Es enthüllt die Unmöglichkeit, das zu erreichen, worauf beide – wenn auch auf je andere Weise – wirklich zielen, nämlich die Eingrenzung eines Bereichs, der dem Wertepluralismus nicht unterworfen wäre und wo ein Konsens ohne Ausschluss hergestellt werden könnte. Tatsächlich ist Rawls' Vermeidung umfassender Lehren von seiner Überzeugung motiviert, in diesem Feld sei keine rationale Übereinkunft möglich. Deshalb müssen liberale Institutionen, damit sie für Menschen mit unterschiedlichen moralischen, philosophischen und religiösen Ansichten akzeptabel sind, neutral in Bezug auf umfassende Lehren sein. Deshalb formuliert er die strenge Trennung, die er zwischen dem Bereich des Privaten – mit seinem Pluralismus unversöhnbarer Werte – und dem Bereich des Öffentlichen, wo eine politische Übereinkunft bezüglich einer liberalen Gerechtigkeitskonzeption durch Erzeugung eines überlappenden Konsenses erzielt würde, zu ziehen versucht.

Im Fall von Habermas wird auf ähnliche Weise versucht, den Implikationen des Wertepluralismus zu entkommen, indem unterschieden wird zwischen *Ethik* – ein Bereich, der konkurrierende Konzeptionen des guten Lebens zulässt – und *Moral* – ein Bereich, in dem ein strikter Prozeduralismus implementiert und Unparteilichkeit erreicht werden kann, was zur Formulierung universeller Prinzipien führt. Rawls und Habermas wollen die Bindung an liberale Demokratie auf einem Typus der rationalen Zustimmung gründen, der die Möglichkeit der Herausforderung ausschließt. Aus diesem Grund müssen sie Pluralismus in einen nicht-öffentlichen Bereich verbannen, um Politik von dessen Konsequenzen abzuschirmen. Dass sie nicht in der Lage sind, die strikte Trennung, die sie vertreten, aufrechtzuerhalten, hat sehr wichtige Implikationen für demokratische Politik. Es unterstreicht die Tatsache, dass der Bereich der Politik – selbst wenn es um fundamentale Fragen wie Gerechtigkeit oder Grundprinzipien geht – kein neutrales Terrain darstellt, das vom Wertepluralismus abgeschirmt werden könnte und wo rationale, universelle Lösungen formuliert werden könnten.

Der zweite Punkt betrifft eine andere Frage, die mit dem Verhältnis zwischen privater Autonomie und politischer Autonomie zu tun hat. Wie wir gesehen haben, zielen beide Autoren darauf ab, die »Freiheiten der Alten« mit den »Freiheiten der Modernen« zu versöhnen, und sie argumentieren, dass die beiden Formen von Autonomie notwendig Hand in Hand gehen. Dennoch meint Habermas, nur sein Zugang könne die Gleichursprünglichkeit individueller Rechte und demokratischer Partizipation garantieren. Er betont, Rawls ordne demokratische Souveränität den individuellen Rechten unter, da er öffentliche Autonomie als Mittel zur Autorisierung privater Autonomie versteht. Doch privilegiert Habermas seinerseits, wie Charles Larmore bemerkte, den demokratischen Aspekt, da er behauptet, die Bedeutung individueller Rechte bestehe darin, dass sie demokratische Selbstregierung ermöglichten.[93] So müssen wir folgern, dass auch in diesem Fall keiner von beiden in der Lage ist, die eigenen Ankündigungen umzusetzen. Was sie abstreiten, ist die paradoxe Natur der modernen Demokratie und die fundamentale Spannung zwischen der Logik der Demokratie und der Logik des Liberalismus. Während tatsächlich zutrifft, dass individuelle Rechte und demokratische Selbstregierung für liberale Demokratie – deren Modernität genau in der Artikulation dieser beiden Traditionen besteht – konstitutiv sind, existiert zwischen ihren jeweiligen »Grammatiken« eine nicht eliminierbare Spannung, die von Rawls und Habermas nicht anerkannt wird. Sicher, im Gegensatz zu den Annahmen solcher Gegner wie Carl Schmitt, bedeutet das nicht, dass die Demokratie eine dem Untergang geweihte Regierungsform ist. Solch eine Spannung ist zwar unauslöschbar, aber sie kann auf unterschiedliche Weise verhandelt werden. Ein Großteil demokratischer Politik dreht sich in der Tat um die Verhandlung dieses Paradoxons und die Artikulation prekärer Lösungsversuche.[94] Fehlgeleitet ist hingegen die Suche nach einer letztgültigen rationalen Lösung. Nicht nur kann sie nicht von Erfolg gekrönt sein, auch führt sie zu einer unsachgemäßen Einschränkung der politischen Debatte. Eine solche Suche sollte als das erkannt werden, was sie wirklich ist: ein weiterer Versuch, Politik von den Effekten des Wertepluralismus abzuschirmen, diesmal durch das Bemühen, ein für allemal die Bedeutung und Hierarchie der zentralen liberal-demokratischen Werte zu fixieren. Die Demokratietheorie sollte solche Formen des Eskapismus zurückweisen und die Herausforderung annehmen, die die Anerkennung des Wertepluralismus bedeutet. Das bedeutet keine Akzeptanz eines totalen Pluralismus. Einige Grenzen müssen der Art von Konfrontation, die in der Öffentlichkeit als legitim angesehen wird, gesetzt werden. Aber statt diese als Erfordernisse der Moral oder Rationalität darzustellen, sollte die politische Natur dieser Grenzen anerkannt werden.

WELCHE LOYALITÄT GEGENÜBER DEMOKRATIE?

Wenn sowohl Rawls als auch Habermas, wenn auch auf unterschiedliche Weise, auf eine Form des rationalen Konsenses zielen statt auf einen »einfachen *modus vivendi*« oder eine «bloße Übereinkunft«, dann weil sie glauben, solch ein Konsens könne, indem er der liberalen Demokratie eine stabile Grundlage schafft, zur Sicherung der Zukunft liberal-demokratischer Institutionen beitragen. Während Rawls, wie wir gesehen haben, davon ausgeht, dass Gerechtigkeit die Schlüsselfrage darstellt, hat sie für Habermas mit Legitimität zu tun. Rawls zufolge funktioniert eine wohlgeordnete Gesellschaft gemäß der Prinzipien, die in einer gemeinsamen Gerechtigkeitskonzeption niedergelegt sind. Dies produziert Stabilität und die Akzeptanz der Institutionen durch die Bürger. Für Habermas erfordert eine stabile und gut funktionierende Demokratie die Erschaffung eines Gemeinwesens, das durch rationale Einsicht in Legitimität integriert wird. Aus diesem Grund besteht das Hauptproblem für die Habermasianer darin, garantieren zu müssen, dass Entscheidungen von demokratischen Institutionen getroffen werden, die einen unparteiischen Standpunkt repräsentieren, der gleichermaßen die Interessen aller ausdrückt, was erfordert, dass Prozeduren etabliert werden, die qua demokratischer Partizipation rationale Ergebnisse zeitigen. Wie Seyla Benhabib es ausdrückt: »Legitimität muss in komplexen demokratischen Gesellschaften als Resultat freier und ungehinderter öffentlicher Deliberation aller zu Themen gemeinsamen Interesses verstanden werden.«[95]

Angetrieben vom Wunsch, die Grenzen des demokratischen Konsenses aufzuzeigen, wie er im Aggregationsmodell konzipiert wird – ausschließlich im Sinne instrumenteller Rationalität und der Beförderung des Eigeninteresses nämlich –, bestehen deliberative Demokratien auf der Bedeutung eines anderen Rationalitätstypus, der Rationalität, die in kommunikativem Handeln und dem freien, öffentlichen Vernunftgebrauch am Werk ist. Sie soll zur zentralen Motivationsquelle demokratischer Bürger werden und die Basis ihres Zugehörigkeitsgefühls zu ihren gemeinsamen Institutionen bilden.

Ihre Sorge um den gegenwärtigen Zustand demokratischer Institutionen teile ich, aber ihre Antwort halte ich für zutiefst inadäquat. Die Lösung für unsere gegenwärtigen Probleme besteht nicht darin, die dominante »Mittel-Zweck«-Rationalität durch eine andere Form von Rationalität zu ersetzen, eine »deliberative« und »kommunikative«. Es trifft zu, dass Raum für verschiedene Vernunftkonzeptionen ist, und es ist wichtig, die Komplexität des von den Vertretern des instrumentalistischen Gesichtspunkts verteidigten Bildes zu steigern. Dennoch, einen Rationalitätstypus einfach durch einen anderen zu ersetzen, wird nicht helfen, die wirklichen Fragen in den Blick zu bekommen, die vom Problem der Loyalität aufgeworfen werden. Michael Oakeshott hat uns daran erinnert, dass die Autorität politischer Institutionen keine Frage der *Zustimmung* ist, sondern eine der kontinuierlichen Anerkennung durch *cives*, die ihrer Verpflichtung nachkommen, die von der *res publica* vorgeschriebenen Bedingungen anzuerkennen.[96] Folgen wir dem Gedankengang, werden wir feststellen, dass es bei diesem Zugehörigkeitsgefühl zu demokratischen Institutionen wirklich um die Konstitution eines Ensembles von Praktiken geht, die die Erzeugung demokratischer Aktivbürger ermöglichen. Das ist keine Angelegenheit *rationaler Rechtfertigung*, sondern eine der

Verfügbarkeit demokratischer Individualitäts- und Subjektivitätsformen. Mit ihrer Privilegierung von Rationalität ignorieren deliberative und aggregative Perspektiven ein zentrales Element: die wesentliche Rolle, die Leidenschaften und Affekte für die Sicherung der Loyalität gegenüber demokratischen Werten spielen. Das kann nicht ignoriert werden, und es erfordert eine ganz andere Neukonzeption demokratischer Aktivbürgerschaft. Die Unfähigkeit gegenwärtiger Demokratietheorie, der Frage der Aktivbürgerschaft gerecht zu werden, folgt daraus, dass sie mit einer Subjektkonzeption operiert, die Individuen der Gesellschaft vorausgehen lässt als Träger von natürlichen Rechten und entweder als nutzenmaximierende Akteure oder als rationale Subjekte. In jedem Fall sind sie von Verhältnissen des Sozialen, der Macht, Sprache, Kultur und allen anderen Praktiken, die Akteurschaft [*agency*] möglich macht, abstrahiert. Von den rationalistischen Ansätzen wird die eigentliche Frage nach den Existenzbedingungen des demokratischen Subjekts ausgeschlossen.

Ich möchte die These vertreten, dass man nicht durch die Bereitstellung von Argumenten bezüglich der von liberal-demokratischen Institutionen verkörperten Rationalität zur Erzeugung demokratischer Aktivbürger beitragen kann. Demokratische Individuen können nur durch eine Vervielfältigung der Institutionen, Diskurse und Lebensformen, die Identifikation mit demokratischen Werten festigen, möglich gemacht werden. Obwohl ich mit deliberativen Demokraten hinsichtlich der Notwendigkeit eines neuen Demokratieverständnisses übereinstimme, sehe ich ihre Vorschläge als kontraproduktiv an. Sicher müssen wir eine Alternative zum deliberativen Modell und zur instrumentalistischen Demokratiekonzeption, die es stärkt, formulieren. Es hat sich herausgestellt, dass sie qua Entmutigung der Bürgerbeteiligung am Betrieb des Gemeinwesens und der Ermutigung zur Privatisierung des Lebens die Stabilität, die sie versprachen, nicht sichern konnten. Extreme Ausformungen des Individualismus haben sich ausgebreitet, die das eigentliche Gewebe des Sozialen bedrohen. Auf der anderen Seite haben sich viele Leute, denen die Möglichkeit genommen wurde, sich mit wertvollen Konzeptionen der Aktivbürgerschaft zu identifizieren, zunehmend auf die Suche nach anderen kollektiven Identifikationsweisen begeben, die sehr oft das aktivbürgerliche Band, das eine demokratische politische Assoziation vereint, gefährden können. Die Zunahme verschiedener religiöser, moralischer und ethnischer Fundamentalismen ist aus meiner Sicht eine direkte Konsequenz des Demokratiedefizits, das die meisten liberal-demokratischen Gesellschaften charakterisiert.

Der einzige Weg, um diese Probleme ernsthaft anzugehen, besteht darin, demokratische Zivilbürgerschaft aus einer anderen Perspektive zu konzipieren, welche die Typen von *Praktiken* und nicht Formen der *Argumentation* berücksichtigt. In *The Return oft the Political* habe ich argumentiert, dass die Überlegungen zur Bürgerassoziation, die von Michael Oakeshott in *On Human Contact* entwickelt wurden, ausgesprochen relevant sind für die moderne Form politischer Gemeinschaft und die Art des demokratische Aktivbürger vereinigenden Bandes, sowie für die spezifische Sprache zivilen Verkehrs, die er *res publica* nennt.[97] Aber wir können uns auch von Wittgenstein inspirieren lassen, der, wie ich gezeigt habe[98], einer Kritik des Rationalismus sehr wertvolle Einsichten bereitstellt. Tatsächlich hat er in seinem späteren Werk die Tatsache hervorgehoben, dass es, damit es zur Übereinstimmung in Meinungen kommt, zuerst Übereinstimmung in Lebensformen geben muss. Aus seiner Sicht reicht es nicht aus, bezüglich der Definition eines Terms übereinzustimmen, wir müssen bezüglich seiner Verwendungsweise übereinstimmen. Das heißt, dass Prozeduren als komplexe Ensembles von Praktiken vorgestellt werden sollten. Weil sie gemeinsamen Lebensformen und Urteilsübereinstimmungen eingeschrieben sind, können sie akzeptiert und befolgt werden. Sie dürfen nicht als Regeln verstanden werden, die auf Basis von Prinzipien erzeugt und auf spezifische Fälle angewandt wurden. Regeln sind für Wittgenstein immer Abkürzungen für Handlungen, sie sind untrennbar von spezifischen Lebensformen. Das weist darauf hin, dass strikte Trennungen, wie sie für den Habermasianischen Ansatz typisch sind, zwischen »prozedural« und »substantiell«, zwischen »moralisch« und »ethisch« nicht aufrechterhalten werden können. Prozeduren involvieren immer substantielle ethische Überzeugungen und können niemals völlig neutral sein.

Aus dieser Perspektive betrachtet hängen das Zugehörigkeitsgefühl zur Demokratie und der Glaube an den Wert ihrer Institutionen nicht davon ab, dass ihnen ein intellektuelles Fundament gegeben wird. Sie sind in ihrer Natur dem näher, was Wittgenstein »das leidenschaftliche Sich-entscheiden für ein Bezugssystem« nennt: »Also obgleich es *Glaube* ist, doch eine Art des Lebens, oder eine Art das

Leben zu beurteilen.«[99] Im Unterschied zur deliberativen Demokratie beinhaltet eine solche Perspektive, dass die Grenzen des Konsenses anerkannt werden: »Wo sich zwei Prinzipien treffen, die sich nicht miteinander aussöhnen können, da erklärt jeder den Andern für einen Narren und Ketzer.« Und: »Ich sagte, ich würde den Andern ›bekämpfen‹, - aber würde ich ihm denn nicht *Gründe* geben? Doch; aber wie weit reichen die? Am Ende der Gründe steht die *Überredung*.«[100]

Diese Betrachtung der Dinge sollte uns erkennen lassen, dass wir, wollen wir Pluralismus ernst nehmen, den Traum eines rationalen Konsenses, mitsamt des Phantasmas, wir könnten unserer menschlichen Lebensform entkommen, aufgeben müssen. In unserem Begehren nach totalem Verstehen, sagt Wittgenstein, sind wir »aufs Glatteis geraten, wo die Reibung fehlt, also die Bedingungen in gewissem Sinne ideal sind, aber wir eben deshalb auch nicht gehen können. Wir wollen gehen; dann brauchen wir die *Reibung*. Zurück auf den rauhen Boden!«[101]

Zurück auf den rauhen Boden! bedeutet hier, dass die Hindernisse, welche solchen rationalistischen Hilfsmitteln wie dem »Urzustand« oder dem »idealen Diskurs« im Wege stehen, keineswegs empirischer oder epistemologischer Natur sind, sondern ontologischer. Tatsächlich ist die freie und ungehinderte öffentliche Deliberation aller zu Fragen gemeinsamen Interesses eine konzeptuelle Unmöglichkeit, da die partikularen Lebensformen, die als »Hindernisse« präsentiert werden, in Wahrheit deren eigentliche Ermöglichungsbedingungen sind. Ohne sie würde es nie zu Kommunikation und nie zu Deliberation kommen. Es gibt absolut keine Rechtfertigung dafür, einer sogenannten »moralischen Perspektive«, die von Rationalität und Unparteilichkeit geprägt ist und auf einen rationalen, universellen Konsens zielt, ein spezielles Privileg einzuräumen.

EIN »AGONISTISCHES« DEMOKRATIEMODELL

Neben der Betonung von Praktiken und Sprachspielen erfordert eine Alternative zum rationalistischen Bezugssystem auch die Auseinandersetzung mit der Tatsache, dass soziale Verhältnisse von Macht konstituiert werden. Eine der Schwachstellen des deliberativen Zugangs ist, dass dieses Modell demokratischer Politik, insofern es die Möglichkeit eines öffentlichen Raums postuliert, aus dem Macht eliminiert und in dem ein rationaler Konsens realisiert wäre, die vom Wertepluralismus implizierte unauslöschbare Dimension des Antagonismus nicht anzuerkennen in der Lage ist. Aus diesem Grund ist es dazu verurteilt, die Spezifik des Politischen zu verpassen, das es nur als spezifische Domäne der Moral konzipieren kann. Die deliberative Demokratie gibt ein gutes Beispiel für das ab, was Carl Schmitt über das liberale Denken sagte: »In einer überaus systematischen Weise umgeht oder ignoriert das liberale Denken den Staat und die Politik und bewegt sich statt dessen in einer typischen, immer wiederkehrenden Polarität von zwei heterogenen Sphären, nämlich von Ethik und Wirtschaft, Geist und Geschäft, Bildung und Besitz.«[102] Tatsächlich gelingt es den deliberativen Demokratien nur, dem von der Ökonomie inspirierten Aggregationsmodell ein Modell entgegenzusetzen, das Politik auf Ethik reduziert.

Damit ein Mittel gegen dieses schwere Defizit gefunden werden kann, benötigen wir ein demokratisches Modell, das in der Lage ist, die Natur des Politischen zu erfassen. Das erfordert die Ausarbeitung eines Ansatzes, der die Frage der Macht und des Antagonismus ins Zentrum stellt. Einen solchen Zugang möchte ich verteidigen. Wir haben seine theoretischen Grundlagen in *Hegemonie und radikale Demokratie* umrissen.[103] Die zentrale These des Buches lautet, dass soziale Objektivität durch Machtakte konstituiert ist. Das beinhaltet, dass jede soziale Objektivität letztlich politisch ist und Spuren des Ausschlusses, der ihre Konstitution begleitet, aufweist. Unter »Hegemonie« haben wir diesen Konvergenzpunkt – oder besser: das wechselseitige Ineinanderfallen – von Objektivität und Macht verstanden. Das Problem auf diese Weise formulieren heißt, dass Macht nicht als ein äußerliches Verhältnis, das zwischen zwei präkonstituierten Identitäten hergestellt wird, konzipiert wird, sondern eher als das, was die Identitäten selbst konstituiert. Da jede politische Ordnung Ausdruck einer Hegemonie, eines spezifischen Musters von Machtverhältnissen ist, darf man sie nicht als Repräsentation von Interessen präkonstituierter Identitäten missverstehen. Vielmehr konstituiert sie diese Identitäten selbst auf einem prekären und immer verwundbaren Terrain.

Indem man von der hegemonialen Natur jeder Art von sozialer Ordnung ausgeht, führt man eine Verschiebung des traditionellen Verhältnisses zwischen Demokratie und Macht herbei. Dem deliberativen Zugang zufolge ist eine Gesellschaft umso demokratischer, je weniger soziale Verhältnisse durch Macht konstituiert sind. Akzeptieren wir aber, dass Machtverhältnisse für das Soziale konstitutiv sind, dann lautet die Hauptfrage für demokratische Politik nicht, wie Macht eliminiert werden könnte, sondern wie sich mit demokratischen Werten kompatiblere Formen von Macht konstituieren lassen.

Mit der konstitutiven Natur von Macht zurande zu kommen, erfordert die Aufgabe des Ideals einer demokratischen Gesellschaft, die perfekte Harmonie oder Transparenz realisieren würde. Der demokratische Charakter einer Gesellschaft kann sich darin erweisen, dass kein begrenzter sozialer Akteur sich selbst die Repräsentation der Totalität anmaßen und die »Beherrschung« des Grundes behaupten darf.

Demokratie erfordert deshalb, dass die rein konstruierte Natur sozialer Verhältnisse ihr Gegenstück in den rein pragmatischen Gründen ihrer Ansprüche auf Machtlegitimität findet. Das beinhaltet, dass es keinen unüberwindbaren Graben zwischen Macht und Legitimität gibt – offensichtlich nicht in dem Sinne, dass alle Macht automatisch legitim wäre, sondern in dem Sinn, dass (a) jede Macht, die sich durchzusetzen imstande war, dies deshalb konnte, weil sie von manchen Gruppen als legitim anerkannt wurde; und (b) jede Legitimität, insofern sie auf keinem aprioristischen Grund basiert, auf irgendeiner Form erfolgreicher Macht basiert. Diese Verknüpfung von Legitimität, Macht und der hegemonialen Ordnungsfunktion, die das beinhaltet, wird genau vom deliberativen Zugang verworfen, wo dieser doch die Möglichkeit eines rationalen Argumentationstypus postuliert, der Macht eliminiert und Legitimität auf reiner Vernunft gründet.

Sobald das theoretische Terrain auf solche Weise abgesteckt wurde, können wir eine Alternative sowohl zum aggregativen als auch zum deliberativen Modell zu formulieren beginnen, die ich »angonistischen Pluralismus« zu taufen vorschlage.[104] Eine erste Unterscheidung wird benötigt, um die von mir vorgeschlagene Perspektive zu verdeutlichen, die Unterscheidung zwischen »Politik« und »dem Politischen«. Unter »dem Politischen« verstehe ich die Dimension des Antagonismus, die menschlichen Verhältnissen inhärent ist, viele Formen annehmen kann und in unterschiedlichen Typen sozialer Verhältnisse entsteht. Auf der anderen Seite bezeichnet »Politik« das Ensemble von Praktiken, Diskursen und Institutionen, die eine bestimmte

Ordnung zu etablieren versuchen und menschliche Ko-Existenz unter Bedingungen organisieren, die immer potentiell konfliktorisch sind, da sie von der Dimension »des Politischen« affiziert werden. Ich denke, dass die wohl zentrale Frage demokratischer Politik nur gestellt werden kann, wenn wir die Dimension »des Politischen« anerkennen und verstehen, dass »Politik« in der Domestizierung von Feindschaft besteht und im Versuch, den potentiellen Antagonismus, der in menschlichen Verhältnissen herrscht, zu entschärfen. Die Frage ist nicht, wie bei den Rationalisten, wie man zu einem Konsens ohne Ausschluss gelangt, denn dies würde die Auslöschung des Politischen implizieren. Politik zielt auf die Schaffung von Einheit im Kontext von Konflikt und Diversität; sie bemüht sich immer um die Erzeugung eines »wir« durch Bestimmung eines »sie«. Das Neue an demokratischer Politik besteht nicht in der Überwindung dieser wir/sie-Opposition – was unmöglich wäre –, sondern in der anderen Weise, in der sie errichtet wird. Das zentrale Problem ist, die wir/sie-Unterscheidung auf eine Weise herzustellen, die mit der pluralistischen Demokratie kompatibel ist.

Vom Gesichtspunkt des »agonistischen Pluralismus« betrachtet, besteht das Ziel demokratischer Politik in der Konstruktion eines »sie« auf eine Weise, in der es nicht länger als zu vernichtender Feind wahrgenommen wird, sondern als ein »Gegner«, d.h. als jemand, dessen Ideen wir bekämpfen, dessen Recht, jene Ideen zu verteidigen, wir aber nicht in Zweifel ziehen. Dies ist die eigentliche Bedeutung liberaldemokratischer Toleranz, die nicht bedeutet, dass wir Ideen, die wir bekämpfen, unbeachtet lassen oder gegenüber Positionen, mit denen wir nicht übereinstimmen, indifferent sind, sondern dass wir jene, die sie verteidigen, als legitime Opponenten betrachten. Diese Kategorie des »Gegners« eliminiert jedoch Antagonismus nicht, und sie sollte vom liberalen Begriff des Konkurrenten oder »Mitbewerbers« unterschieden werden, mit dem sie manchmal identifiziert wird. Ein Gegner ist ein Feind, doch ein legitimer Feind, mit dem wir einen gemeinsamen Grund teilen, da wir eine gemeinsame Bindung an ethisch-politische Prinzipien liberaler Demokratie besitzen: Freiheit und Gleichheit. Aber wir stimmen nicht überein, was die Bedeutung und Implementierung dieser Prinzipien betrifft, und solch eine Meinungsverschiedenheit kann aufgrund ihrer Natur nicht durch Deliberation und rationale Diskussion gelöst werden. Es gibt tatsächlich, bedenkt man den unauslöschlichen Wertepluralismus, keine rationale Lösung des Konflikts, deshalb seine antagonistische Dimension.[105] Das bedeutet natürlich nicht, dass Gegner nicht aufhören könnten, anderer Meinung zu sein, nur würde das nicht beweisen, dass der Antagonismus aufgehoben wurde. Den Standpunkt des Gegners zu akzeptieren, heißt eine radikale Veränderung politischer Identität zu durchlaufen. Es handelt sich mehr um eine *Konversion* als um einen Prozess rationaler Überzeugung (ähnlich wie Thomas Kuhn argumentiert hat, die Bindung an ein neues wissenschaftliches Paradigma sei Ergebnis einer Konversion). Natürlich sind Kompromisse gleichfalls möglich; sie sind untrennbarer Bestandteil von Politik; aber sie sollten als temporäre Atempause in einer fortgesetzten Konfrontation verstanden werden.

Die Einführung der Kategorie des »Gegners« erfordert ein komplexeres Bild des Konzepts des Antagonismus. Man muss zwei verschiedene Formen, die auftreten können, unterscheiden: *Antagonismus* im eigentlichen Sinn und *Agonismus*. *Antagonismus* ist ein Kampf unter Feinden, während *Agonismus* einen Kampf unter Gegnern darstellt. Wir können somit unser Problem reformulieren, indem wir sagen, dass aus Perspektive des »agonistischen Pluralismus« das Ziel demokratischer Politik in der Transformation von *Antagonismus* in *Agonismus* besteht. Dazu müssen Kanäle bereitgestellt werden, durch die hindurch kollektive Leidenschaften Ausdruck in Bezug auf Themen finden können, die genug Identifikationsmöglichkeiten offenlassen, ohne den Opponenten als einen Feind zu konstruieren, sondern eben als einen Gegner. Ein wichtiger Unterschied zum Modell der »deliberativen Demokratie« ist, dass für den »agonistischen Pluralismus« das Hauptziel demokratischer Politik nicht in der Eliminierung von Leidenschaften aus der Öffentlichkeit besteht, um einen rationalen Konsens möglich zu machen, sondern in der Mobilisierung dieser Leidenschaften in Richtung auf demokratische Modelle.

Einer der Schlüssel zum Verständnis der These vom agonistischen Pluralismus ist, dass agonistische Konfrontation weit davon entfernt ist, Demokratie zu gefährden. Vielmehr ist sie deren eigentliche Existenzbedingung. Die Spezifik moderner Demokratie besteht in der Anerkennung und Legitimierung von Konflikt und in der Weigerung, diesen zu unterdrücken, indem eine autoritäre Ordnung eingerichtet wird. Indem sie mit der symbolischen Gesellschaftsrepräsentation als organischer Körper – die für den holistischen Modus sozialer Organisation charakteristisch war – bricht, anerkennt die demokratische Gesellschaft den Pluralismus der Werte, die »Entzauberung der Welt«, die von Max Weber diagnostiziert wurde, sowie die unvermeidlichen Konflikte, die sie mit sich bringt.

Ich stimme denen zu, die davon ausgehen, dass eine pluralistische Demokratie ein bestimmtes Maß an Konsens verlangt und Loyalität gegenüber den Werten, die ihre »ethisch-politischen Prinzipien« bilden, erfordert. Aber da diese ethisch-politischen Prinzipien nur durch viele unterschiedliche und konfligierende Interpretationen hindurch existieren können, ist dieser Konsens dazu verurteilt, ein »konfliktorischer Konsens« zu sein. Dies ist in der Tat das privilegierte Terrain agonistischer Konfrontation unter Gegnern. Idealerweise sollte solch eine Konfrontation um die verschiedenen Aktivbürgerschaftskonzeptionen herum inszeniert werden, die den verschiedenen Interpretationen der ethisch-politischen Prinzipien korrespondieren: liberal-konservativ, sozialdemokratisch, neoliberal, radikaldemokratisch und so weiter. Jede von diesen schlägt eine eigene Interpretation des »Gemeinwohls« vor und versucht, eine unterschiedliche Form von Hegemonie zu implementieren. Damit ein demokratisches System das Zugehörigkeitsgefühl zu seinen Institutionen stärkt, müssen jene konkurrierenden Formen aktivbürgerschaftlicher Identifikation verfügbar sein. Sie bilden das Terrain, auf dem Leidenschaften entlang demokratischer Ziele mobilisiert werden können und Antagonismus in Agonismus transformiert wird.

Eine gut funktionierende Demokratie erfordert den lebhaften Zusammenstoß demokratischer politischer Positionen. Fehlt dies, besteht die Gefahr, dass diese demokratische Konfrontation von einer Konfrontation zwischen anderen Formen kollektiver Identifikation ersetzt wird, wie dies mit Identitätspolitik der Fall ist. Zuviel Betonung auf Konsens und Zurückweisung von Konfrontation führt zu Apathie und Entfremdung von politischer Partizipation. Schlimmer noch, das Ergebnis kann in der Kristallisierung kollektiver Leidenschaften entlang von Themen bestehen, die nicht vom demokratischen Prozess geregelt werden können, sowie in der Explosion von Antagonismen, die die eigentliche Basis der Zivilität zerreißen können.

Aus diesem Grund kann es nicht Ideal einer pluralistischen Demokratie sein, einen rationalen Konsens in der Öffentlichkeit zu erzielen. Solch ein Konsens kann nicht existieren. Wir müssen akzeptieren, dass jeder Konsens ein temporäres Ergebnis einer provisorischen Hegemonie darstellt, eine Machtstabilisierung, und dass er immer irgendeine Form von Ausschluss beinhalten wird. Die Vorstellung, Macht könne durch rationale Debatte aufgelöst werden und Legitimität könne auf reiner Vernunft gegründet werden, ist eine Illusion, die demokratische Institutionen gefährden kann.

Was das deliberativ-demokratische Modell verleugnet, das ist die Dimension der Unentscheidbarkeit und die Unauslöschbarkeit von Antagonismus. Beides ist für das Politische konstitutiv. Indem postuliert wird, eine nicht-exklusive öffentliche Deliberationssphäre, in der ein rationaler Konsens erzielt werden könne, sei verfügbar, negiert man die inhärent konfliktorische Natur des modernen Pluralismus. Man ist nicht fähig zu erkennen, dass die Beendigung eines Deliberationsprozesses immer Ergebnis einer *Entscheidung* ist, die andere Möglichkeiten ausschließt und für die man nie die Verantwortung zurückweisen sollte, indem man sich auf Imperative allgemeiner Regeln oder Prinzipien beruft. Aus diesem Grund ist eine Perspektive wie die des »agonistischen Pluralismus«, der die Unmöglichkeit eines Konsenses ohne Exklusion aufdeckt, von fundamentaler Bedeutung für demokratische Politik. Sie zwingt uns, indem sie uns vor der Illusion warnt, eine vollständig realisierte Demokratie könne jemals errichtet werden, die demokratische Herausforderung lebendig zu halten. Für eine pluralistische Demokratie ist es lebenswichtig, Dissens Raum zu geben und die Institutionen, in welchen er manifestiert werden kann, zu stärken, und man sollte die Idee aufgeben, es könnte je eine Zeit geben, in der Gesellschaft wohlgeordnet wäre und dies nicht mehr nötig wäre. Ein »agonistischer« Ansatz anerkennt die reale Natur ihrer Grenzen und die Exklusionsformen, die sie beinhalten, statt sie unter dem Schleier der Rationalität oder Moral verbergen zu wollen. Wenn wir mit der hegemonialen Natur sozialer Verhältnisse und Identitäten zurande kommen, dann kann das dazu beitragen, dass die in demokratischen Gesellschaften immer existierende Verführung, deren Grenzen zu naturalisieren und ihre Identitäten zu essentialisieren, unterlaufen wird. Aus diesem Grund steht er der Vielfalt von Stimmen innerhalb pluralistischer Gesellschaften und der Komplexität ihrer Machtstruktur offener gegenüber als das deliberative Modell.

Kapitel 5
Eine Politik ohne Gegner?

Seit Mitte der 80er Jahre – und das wurde natürlich durch den Zusammenbruch des Kommunismus beschleunigt – haben wir viel vom Niedergang der Links/Rechts-Unterscheidung gehört, und dies wurde von der Bewegung vieler sozialistischer Parteien hin zur Mitte begleitet. Seit New Labour in Großbritannien an die Macht kam, wird uns diese Bewegung als eine neue Form des Radikalismus dargestellt, als Eckpfeiler einer Politik, die mit dem »Tod des Sozialismus« und der »Herausforderung der Globalisierung« zurande kommt. Nachdem sie eine Zeit lang das Etikett »mitte-links« angepriesen haben, versuchen Blair und seine Berater nun gewöhnlich jeden Bezug auf die Linke überhaupt zu vermeiden. Seit dem Sieg begann New Labour sich als radikale Bewegung zu vermarkten, wenn auch als ein neuer Typus: als ein dritter Weg zwischen Sozialdemokratie und Neoliberalismus. Dieser dritte Weg, der von Tony Blair in einem fabianischen Pamphlet als »Neue Politik für das Neue Jahrhundert« vermarktet wurde, wird als eine Position vorgestellt, die *oberhalb* von rechts und links verortet ist und deshalb deren alten Antagonismus überwinden könne. Im Unterschied zur traditionellen Mitte, die im Zentrum des Spektrums zwischen rechts und links angesiedelt ist, sei dies, wird uns gesagt, eine »radikale Mitte«, die die traditionelle Links/Rechts-Unterscheidung transzendiert, indem sie Themen und Werte von beiden Seiten zu einer Synthese artikuliert.

Ein Versuch, dieses vorgeblich neue Modell fortschrittlicher Politik zu theoretisieren, wurde von Anthony Giddens in zwei Büchern unternommen: *Jenseits von Links und Rechts* und, jünger, *Der dritte Weg.*[106] Sozialismus, so argumentiert Giddens, sei tot, und dies treffe nicht nur auf dessen kommunistische, sondern auch auf dessen traditionell sozialdemokratische Version zu. Deren Ziel sei es, die Grenzen des Kapitalismus zu konfrontieren, um diesen zu humanisieren. Aber die Sozialdemokratie unterschätze die Anpassungs- und Innovationskapazität des Kapitalismus. Darüber hinaus basiere sie auf einem »kybernetischen Modell« des sozialen Lebens, das in einer Welt »einfacher Modernisierung« Sinn mache, aber in einer globalisierten, post-traditionalen, sozialen Ordnung, die von der Ausweitung sozialer Reflexivität bestimmt werde, nicht länger funktionieren könne. In der heutigen Welt »reflexiver Modernisierung« bräuchten wir, behauptet er, einen neuen Typus radikaler Politik, da die Politik des Lebens nun wichtiger sei als die Politik der Lebenschancen. Die Alternative zu staatlichen Maßnahmen sei eine »generative« Politik, die einen Rahmen für die lebenspolitischen Entscheidungen des Individuums bereitstelle und den Leuten erlaube, die Dinge selbst in die Hand zu nehmen. Politik sollte »dialogisch« werden und müsse – weit davon entfernt, auf die politische Sphäre beschränkt zu sein – die unterschiedlichen Bereiche des persönlichen Lebens erreichen, mit dem Ziel einer »Demokratie der Gefühle«. Diese neue »Lebens«-Politik überwindet die traditionelle Links/Rechts-Unterscheidung, da sie sich auf den philosophischen Konservatismus stützt und zugleich einige der zentralen Werte, die üblicherweise mit Sozialismus assoziiert werden, bewahrt.

Es sollte angemerkt werden, dass sich Giddens' Position seit *Jenseits von Links und Rechts* leicht verschoben hat. Er scheint realisiert zu haben, dass es keine gute politische Strategie war, die sozialdemokratische Tradition komplett zu verabschieden, und sein jüngeres Buch *Der dritte Weg* trägt den Untertitel: »Die Erneuerung der sozialen Demokratie«. Das ist zweifelsohne ein Fortschritt, aber das Problem ist, dass die vorgeschlagene »Erneuerung« tatsächlich darin besteht, das sozialdemokratische Projekt um seine antikapitalistische Komponente auszudünnen. Diese Bewegung stimmt natürlich mit seiner Hauptabsicht überein, eine »win-win«-Politik zu entwerfen, die über das adversiale Modell hinausgeht, indem sie Lösungen vorschlägt, die angeblich allen Gesellschaftsmitgliedern nützen. Doch hierin liegt genau die fundamentale Schwachstelle dieser vorgeblich neuen Form des Radikalismus.

Ich möchte von Beginn an klarstellen, dass das Problem an diesem Begriff der radikalen Mitte nicht in dessen Zurückweisung traditionell linker Lösungsansätze besteht. Die Kritik von Etatismus und Produktivismus ist alles andere als neu, und viele Leute, die sich immer noch mit der Linken identifizieren, sind sich seit langem der Defizite der Sozialdemokratie bewusst. Problematisch ist ebenfalls nicht, dass der Dritte Weg einige konservative Themen einbezieht. Die postmoderne Kritik der Aufklärungsepistemologie – von der Giddens sich säuberlich abzugrenzen bemüht ist – hat bereits seit einiger Zeit die Möglichkeit und Notwendigkeit betont, das linke Projekt von seinen rationalistischen Voranannahmen loszulösen. Unterschiedliche Versuche, die Ziele der Linken in Begriffen einer »radikalen und pluralen Demokratie« zu formulieren, haben, indem sie uns die von der Aufklärung ererbte Fortschrittsidee problematisieren halfen, darauf hingewiesen, wie einige Themen, die von traditionell konservativen Philosophen entwickelt wurden, zur Ausarbeitung einer radikalen Politik beitragen können.

Wirklich problematisch an den Advokaten der »radikalen Mitte« ist, wie ich denke, ihre Behauptung, die Links/Rechts-Unterscheidung, ein Erbe »einfacher Modernisierung«, sei in Zeiten »reflexiver Modernisierung« nicht länger relevant. Indem sie unterstellen, radikale Politik sollte heute diese Unterscheidung überwinden und demokratisches Leben als Dialog konzipieren, implizieren sie, wir würden in einer nicht länger von sozialer Spaltung strukturierten Gesellschaft leben. Angeblich operiere Politik heutzutage auf einem neutralen Terrain, und Lösungen, die alle zufrieden stellen, seien zur Hand. Ausgeblendet werden Machtverhältnisse und deren konstitutive Rolle in der Gesellschaft; und die Konflikte, die sie beinhalten, werden auf die simple Konkurrenz von Interessen, die durch Dialog harmonisiert werden können, reduziert. Dies ist die typisch liberale Perspektive, die Demokratie als Wettbewerb zwischen Eliten vorstellt, gegnerische Kräfte unsichtbar macht und Politik auf einen Austausch von Argumenten und die Ausverhandlung von Kompromissen reduziert. Ich behaupte, dass es wirklich unaufrichtig ist, eine solche Politikvorstellung als »radikal« zu präsentieren – und dass der von New Labour verfochtene radikale Zentrismus, anstatt zu mehr Demokratie beizutragen, tatsächlich eine Zurückweisung der wesentlichen Grundsätze radikaler Politik darstellt.

Die zentrale Schwachstelle des Versuchs der Theoretiker des Dritten Weges, die Sozialdemokratie zu modernisieren, liegt darin, dass er auf der Illusion basiert, man könne, solange man keinen Gegner definiert, fundamentale Interessenkonflikte umgehen. Sozialdemokratien haben diesen Fehler nie begangen. Wie Mike Rustin darlegt, hatte die Sozialdemokratie in ihren rechten wie linken Varianten immer den Kapitalismus als einen ihrer Antagonisten, und ihre Aufgabe sah sie darin, die systemischen Probleme der Ungleichheit und Instabilität, die vom Kapitalismus generiert wurden, in ihrer Gesamtheit zu konfrontieren.[107] Umgekehrt ist der Zugang des Dritten Wegs unfähig, die systemischen Verbindungen zwischen den globalen Marktkräften und der Vielzahl von Problemen (von Ausschlüssen bis zu Umweltrisiken), die er anzugehen vorgibt, zu erfassen.

In der Tat besteht die Hauptschwäche der Giddens'schen Analyse darin, dass er sich nicht im Klaren zu sein scheint bezüglich der drastischen Maßnahmen, die erforderlich wären, um die meisten seiner Vorschläge in die Praxis umzusetzen. Man kann sehr leicht behaupten, es solle »keine Rechte ohne Pflichten« oder »keine Autorität ohne Demokratie« geben, aber wie will man solche Programme in Praxis umsetzen, ohne die existierenden Macht- und Autoritätsstrukturen grundsätzlich in Frage zu stellen? Auch ohne nach dem totalen Umsturz des Kapitalismus, wie er von manchen Marxisten vertreten wird, zu rufen, lässt sich mit Sicherheit zugeben, dass irgendeine Form des antikapitalistischen Kampfes aus einer radikalen Politik, die auf die Demokratisierung der Gesellschaft zielt, nicht entfernt werden kann, und dass ohne Transformation der vorherrschenden hegemonialen Konfiguration nur wenig Veränderung möglich sein wird.

Wie Alain Ryan, neben anderen, betont hat, existiert ein genuines Vakuum im Kern der Labour-Politik, denn nachdem die Vorstellung, dass das Eigentum an Produktionsmitteln ein zentrales Thema der Politik sei, fallengelassen wurde, konnte nichts anderes an deren Platz gesetzt werden.[108] Von daher erklärt sich die Seichtheit ihrer ökonomischen Strategie. Die Vertreter von New Labour glauben, es würde ausreichen, moralische Agenden zu entwickeln, die Armen zu remoralisieren und die Leute auf »Flexibilität« vorzubereiten, um die gute, inklusive Gesellschaft zu erschaffen, deren Werte sie predigen. Tatsächlich betont die gemeinsame Erklärung, in der Blair und Schröder ihre Sicht des Dritten Weges für Europa darlegen, neben einem Programm der Deregulierung und Steuerreduktion, das von staatlichen Eingriffen zur Bereitstellung von Erziehung und Ausbildung gemildert werden soll, die Notwendigkeit, Konflikte am Arbeitsplatz zu beenden. Stattdessen wird der Geist von Gemeinschaft und Solidarität beschworen, auf dass der Dialog zwischen allen Gruppen in der Gesellschaft gestärkt werde.

Kein Wunder, dass es in dieser Perspektive keinen Raum für wirklich feministische Forderungen gibt, wie Anna Coote gezeigt hat, denn sie passen nicht in Blairs Vision von einer für die englische Mittelklasse schmerzfreien Politik.[109] Damit Frauen ihre politische Position ausbauen könnten, müssten Männer einige ihrer Positionen aufgeben. Aber New Labour, wie sie sagt, ist nicht bereit, ein Nullsummenspiel zuzulassen. New Labour will keine Verlierer, besonders nicht unter den englischen Mittelklassewählern. Darüber hinaus wird es von einem geschlossenen Zirkel elitärer weißer Männer angeführt, die Macht genießen und sie nicht abgeben wollen.

KONFLIKT UND MODERNE DEMOKRATIE

New Labour repräsentiert das deutlichere Beispiel der »Clintonisierung« der europäischen Sozialdemokratie, aber wie die gemeinsame britisch-deutsche Erklärung belegt, sind die Symptome des Dritten Weg-Virus anderswo genauso präsent, und die Krankheit könnte sich ausbreiten. Ihre Ursachen können in der Tatsache gefunden werden, dass die Anerkennung der Bedeutung von Pluralismus und liberaldemokratischen Institutionen durch die Linke vom fälschlichen Glauben begleitet wurde, man müsse damit jeden Versuch aufgeben, eine Alternative zur gegenwärtigen, hegemonialen Ordnung anzubieten. So erklärt sich die Sakralisierung des Konsensus, das Verwischen der Links/Rechts-Unterscheidung und das gegenwärtige Bedürfnis vieler Linksparteien, sich in der Mitte zu positionieren.

Damit entgeht einem aber eine wesentliche Lehre nicht nur bezüglich der primären Realität des Streits im sozialen Leben, sondern auch bezüglich der integrativen Rolle, die Konflikt in der modernen Gesellschaft spielt. Wie ich durchgehend in allen Kapiteln argumentiert habe, liegt die Spezifik moderner Demokratie in ihrer Anerkennung und Legitimierung von Konflikt, sowie in der Weigerung, ihn durch Aufzwingen einer autoritären Ordnung zu unterdrücken. Eine wohlfunktionierende Demokratie erfordert eine Konfrontation zwischen demokratischen politischen Positionen, und sie erfordert eine reale Debatte um mögliche Alternativen. Konsens ist in der Tat notwendig, aber er muss von Dissens begleitet werden. In dieser Behauptung liegt kein Widerspruch, wie manche unterstellen würden. Konsens wird benötigt in Bezug auf die Institutionen, die für Demokratie konstitutiv sind. Aber es wird immer Unstimmigkeit bezüglich der Weise geben, in der soziale Gerechtigkeit diesen Institutionen implementiert werden soll. In einer pluralistischen Demokratie sollte solche Unstimmigkeit als legitim verstanden und sogar willkommen geheißen werden. Wir können bezüglich der Wichtigkeit von »Freiheit und Gleichheit für alle« übereinstimmen, während wir hinsichtlich ihrer Bedeutung und der Weise, in der sie – im Verhältnis zu den unterschiedlichen Machtkonfigurationen, die im Spiel sind – implementiert werden sollten, ausgesprochen uneinig sind. Es ist genau diese Art des Widerspruchs, die den »Stoff« für demokratische Politik abgibt, und hierum sollte sich der Kampf zwischen links und rechts drehen. Deshalb sollten wir diese Kategorien, statt sie als altmodisch abzuschreiben, neu definieren. Sobald politische Grenzlinien verschwimmen, wird die Dynamik der Politik gebremst und die Erzeugung distinktiver politischer Identitäten behindert. Entfremdung von politischen Parteien setzt ein und entmutigt Partizipation am politischen Prozess. Leider besteht, wie wir in vielen Ländern zu beobachten begonnen haben, das Ergebnis nicht in einer reiferen, versöhnten Gesellschaft ohne scharfe Trennungslinien, sondern im Anwachsen anderer kollektiver Identitätsformen entlang religiöser, nationalistischer oder ethnischer Formen der Identifikation. Mit anderen Worten, sobald demokratische Konfrontation verschwindet, manifestiert sich das Politische in seiner antagonistischen Dimension durch andere Kanäle. Antagonismen können viele Formen annehmen, und es ist illusorisch zu glauben, sie könnten je eliminiert werden. Aus diesem Grund ist es vorzuziehen, ihnen ein politisches Ventil innerhalb eines »agonistischen«, pluralistischen, demokratischen Systems zu lassen.

Das bedauerliche Spektakel, das die USA mit der Trivialisierung politischer Einsätze liefern, gibt ein gutes Beispiel für den Verfall der demokratischen, öffentlichen Sphäre. Clintons sexuelle Saga war eine direkte Folge dieser neuen Art einer farblosen, homogenisierten politischen Welt, die aus den Effekten seiner eigenen Strategie der Triangulation resultierte. Natürlich sicherte sie ihm den Gewinn einer zweiten Amtsperiode. Seine Gegner wurden neutralisiert, indem er geschickt auf republikanische Themen zurückgriff, die bei den Wählern Anklang fanden, und sie mit einer linken Politik in Bezug auf Abtreibung und Erziehung artikulierte. Doch dies ging wiederum auf Kosten einer bereits schwachen, politischen Öffentlichkeit. Man sollte erkennen, dass der Mangel an demokratischem Streit um wirkliche politische Alternativen dazu führt, dass die Antagonismen sich in Formen manifestieren, die die demokratische Öffentlichkeit aushöhlen. Die Entwicklung eines moralistischen Diskurses und die obsessive Enthüllung von Skandalen in allen Feldern des Lebens, zusammen mit dem Anwachsen der verschiedenen Arten des religiösen Fundamentalismus, sind allzu oft Ergebnis der Leere, die von der Abwesenheit demokratischer, von konkurrierenden politischen Werten informierter Identifikationsformen erzeugt wird.

Das Problem ist klarerweise nicht auf die Vereinigten Staaten beschränkt. Ein Blick auf andere Länder, in denen die sexuelle Karte aufgrund unterschiedlicher Traditionen nicht in gleicher Weise ausgespielt werden kann wie in der angloamerikanischen Welt, zeigt, dass der Kreuzzug gegen Korruption und zwielichtige Abmachungen eine ähnliche Rolle übernehmen kann, indem er die fehlende politische Grenzlinie zwischen Gegnern ersetzt. Unter wieder anderen Umständen kann die politische Grenze um religiöse Identitäten gezogen werden oder um nicht-verhandelbare moralische Werte wie im Fall von Abtreibung. Aber was sich in all diesen Fällen herausstellen wird, ist ein Demokratiedefizit, das durch das Verschwimmen der Links/Rechts-Unterscheidung und die Trivialisierung des politischen Diskurses erzeugt wurde.

Auch die zunehmende Dominanz des Juridischen sollte im Kontext der Schwächung der demokratischen politischen Öffentlichkeit, in der eine agonistische Konfrontation stattfinden könnte, gesehen werden. Aufgrund der zunehmenden Unmöglichkeit, die Probleme von Gesellschaft in einer wirklich politischen Weise zu verstehen, existiert eine merkliche Tendenz, das juridische Feld zu privilegieren und vom Gesetz zu erwarten, Lösungen für alle möglichen Konflikttypen anzubieten. Die Rechtssphäre wird zu dem Terrain, auf dem soziale Konflikte einen gewissen Ausdruck finden können, und das Rechtssystem wird als verantwortlich für die Organisation menschlicher Koexistenz und die Regulation sozialer Verhältnisse erachtet. Mit dem Verschwimmen der Links/Rechts-Unterscheidung haben liberal-demokratische Gesellschaften ihre Fähigkeit verloren, soziale Verhältnisse in politischer Weise symbolisch zu ordnen und den Entscheidungen Form zu geben, denen sie sich in politischen Diskursen stellen müssen.

Die gegenwärtige Hegemonie juridischer Diskurse wird von Leuten verteidigt und theoretisiert wie Ronald Dworkin, der vom Primat einer unabhängigen Justiz ausgeht, die als Interpret der politischen Moral einer Gemeinschaft dargestellt wird. Dworkin zufolge würden die fundamentalen Fragen, denen sich eine politische Gemeinschaft in Bereichen wie Arbeitslosigkeit, Erziehung, Zensur, Assoziationsfreiheit usw. gegenübersieht, besser von Richtern gelöst werden, vorausgesetzt, sie interpretieren die Verfassung mit Bezug auf das Prinzip politischer Gleichheit. Sehr wenig bleibt übrig für die politische Arena.

Eine weitere, noch beunruhigendere Konsequenz der Verbindung aus Demokratiedefizit mit der Obsession zentristischer Politik besteht in der stärker werdenden Rolle, die von populistischen Rechtsparteien gespielt wird. Tatsächlich würde ich behaupten, dass der Aufstieg dieses Typus von Parteien im Kontext der »zentristischen Konsensuspolitik« verstanden werden muss, welche es populistischen Parteien, die den herrschenden Konsens angreifen, erlaubt, sich als einzige Anti-Establishment-Kräfte darzustellen, die den Willen des »Volkes« repräsentieren. Dank cleverer populistischer Rhetorik sind sie in der Lage, viele Forderungen der popularen Sektoren, die von den Modernisierungseliten als rückständig verhöhnt werden, zu artikulieren und sich selbst als einzige Garanten der Volkssouveränität darzustellen. Solch eine Situation wäre meines Dafürhaltens nicht möglich gewesen, hätten realere politische Wahlmöglichkeiten innerhalb des traditionellen demokratischen Spektrums bestanden.

POLITIK UND DAS POLITISCHE

Unglücklicherweise ist der herrschende Ansatz in der politischen Theorie, dominiert von einer rationalistischen und individualistischen Perspektive, völlig außerstande, etwas zum Begreifen dieser Vorgänge beizutragen. Aus diesem Grund habe ich – entgegen den beiden dominanten Modellen demokratischer Politik: dem »aggregativen«, das sie auf die Aushandlung von Interessen reduziert, und dem »deliberativen« oder »dialogischen«, das annimmt, Entscheidungen allgemeinen Interesses sollten aus der freien und unbehinderten öffentlichen Deliberation aller hervorgehen – ein Konzept demokratischer Politik in

Form eines »agonistischen Pluralismus« vorgeschlagen, um zu unterstreichen, dass in moderner demokratischer Politik das entscheidende Problem darin besteht, wie *Antagonismus* in *Agonismus* transformiert werden kann. Aus meiner Sicht sollte das Ziel demokratischer Politik darin bestehen, ein Rahmenwerk bereitzustellen, durch welches Konflikte die Form einer agonistischen Konfrontation zwischen Gegnern annehmen können, ohne sich als antagonistischer Kampf unter Feinden manifestieren zu müssen.

Ich gehe davon aus, dass die Schwächen der Politik des Dritten Weges uns verstehen helfen können, warum es sehr weitreichende politische Konsequenzen hat, wenn moderne Demokratie als eine Form des agonistischen Pluralismus verstanden wird. Sobald anerkannt wurde, dass dieser Typus agonistischer Konfrontation kennzeichnend für pluralistische Demokratien ist, können wir verstehen, warum solch eine Demokratie die Erschaffung kollektiver Identitäten entlang klar differenzierter Positionen erfordert, wie auch die Möglichkeit, zwischen wirklichen Alternativen zu wählen. Dies ist exakt die Funktion der Links/Rechts-Unterscheidung. Die Links/Rechts-Opposition ist jene Weise, in der legitimem Konflikt Form gegeben wird und in der er institutionalisiert wird. Wenn dieses Rahmenwerk nicht existiert oder geschwächt wird, wird der Transformationsprozess des Antagonismus in Agonismus behindert, und das kann schlimme Folgen für die Demokratie haben. Aus diesem Grund sollten uns Diskurse vom »Ende der Politik« und der Irrelevanz der Links/Rechts-Unterscheidung Anlass nicht zum Feiern, sondern zur Beunruhigung geben. Sicher, das traditionelle Rahmenwerk ist dringend überholungsbedürftig, und es kann nicht darum gehen, den alten Slogans und dogmatischen Sicherheiten neue Geltung zu verschaffen. Aber es wäre ein Fehler zu glauben, solch eine Unterscheidung könnte überwunden werden und radikale Politik könnte ohne Definition eines Gegners existieren.

DIE GLOBALISIERUNG PROBLEMATISIEREN

Jene, die dafür eintreten, über rechts und links hinauszugehen, behaupten, weder Konservativismus noch Sozialismus könne in der globalisierten, reflexiven Gesellschaft, in der wir leben, angemessene

Lösungen anbieten. Das ist zweifelsohne der Fall. Darüber hinaus trifft ebenso zu, dass in der politischen Praxis die Kategorien von links und rechts zunehmend verschwimmen. Doch es ist eine andere Sache, aus diesem empirischen Faktum die These der Irrelevanz einer solchen Unterscheidung abzuleiten oder gar ein Werturteil bezüglich der Wünschbarkeit ihres Verschwindens. Dies mag aus der Perspektive eines liberalen Ansatzes, der ja die konstitutive Rolle von Machtverhältnissen und die Unauslöschbarkeit des Antagonismus nicht anzuerkennen in der Lage ist, Sinn machen; aber für jene, die eine fortschrittliche Politik zu formulieren versuchen, ist es unabdingbar, jene Dimension anzuerkennen, die ich »das Politische« nenne, wie auch die Unmöglichkeit einer versöhnten Gesellschaft. Unsere Aufgabe sollte es sein, die Linke neu zu definieren, um den demokratischen Kampf zu reaktivieren, nicht seine Überflüssigkeit zu proklamieren.

In entwickelten demokratischen Gesellschaften herrscht ein dringendes Bedürfnis nach der Wiederherstellung der Zentralität von Politik, und das erfordert das Ziehen neuer politischer Grenzlinien, die in der Lage sind, der Demokratie einen wirklichen Impuls zu geben. Vor allem sollte linke, demokratische Politik beginnen, eine Alternative zum Neoliberalismus zu formulieren. Die gegenwärtig unangefochtene Hegemonie des neoliberalen Diskurses erklärt, warum die Linke ohne glaubwürdiges Projekt dasteht. Paradoxerweise ist die Linke, wiewohl politisch zunehmend siegreich – da sie in vielen europäischen Ländern an der Macht ist – immer noch ideologisch gründlich besiegt. Deshalb ist sie, trotz des Hypes um den »Dritten Weg«, nicht in der Lage, die intellektuelle Initiative zu ergreifen. Statt eine neue Hegemonie aufzubauen, hat sie angesichts der neoliberalen Hegemonie kapituliert. Von daher der »Thatcherismus mit menschlichem Antlitz«, der zum Markenzeichen von New Labour wurde.

Die übliche Rechtfertigung für das »Es gibt keine Alternative«-Dogma lautet Globalisierung. Tatsächlich lautet das öfters geprobte Argument gegen sozialdemokratische Umverteilungspolitik, die fiskalen Zwänge, denen sich Regierungen ausgesetzt sehen, seien die einzig realistische Konsequenz einer Welt, in der Wähler keine höheren Steuern zu zahlen bereit sind und in der globale Märkte keine Abweichung von der neoliberalen Orthodoxie dulden. Eine solche Art von Argument sieht das ideologische Terrain als gegeben an, das durch Jahre neoliberaler Hegemonie erst hergestellt wurde, und transformiert eine kontingente Situation zu einer historischen Notwendigkeit. Hier, wie in so vielen anderen Fällen auch, wird das Mantra der Globalisierung aufgerufen, um den Status quo zu rechtfertigen und die Macht großer transnationaler Konzerne zu stärken.[110]

Globalisierung, wird sie ausschließlich als von der Informationsrevolution angetrieben dargestellt, wird ihrer politischen Dimension entkleidet und erscheint als ein Schicksal, dem wir uns alle zu ergeben haben. Genau an diesem Punkt sollte unsere Kritik ansetzen. André Gorz hat, indem er diese Konzeption hinterfragte, argumentiert, der Globalisierungsprozess dürfe nicht als notwendige Konsequenz einer technologischen Revolution gesehen werden, sondern müsse als eine Bewegung des Kapitals verstanden werden, der eine fundamental politische Antwort auf die »Regierbarkeitskrise« der 70er-Jahre suche. In seiner Sicht führt das fordistische Entwicklungsmodell zu einer Trennung zwischen den Kapitalinteressen und den Interessen der Nationalstaaten.[111] Der Raum der Politik wurde vom Raum der Ökonomie gelöst. Sicher wurde dieses Phänomen der Globalisierung durch neue Formen von Technologie ermöglicht. Aber diese technische Revolution benötigte zu ihrer Implementation eine profunde Transformation der Machtverhältnisse unter sozialen Gruppen und zwischen kapitalistischen Konzernen und dem Staat. Entscheidend war die politische Bewegung. Das Ergebnis war, dass Konzerne heute eine Art Extraterritorialität gewonnen haben. Es gelang ihnen, sich von politischer Macht zu emanzipieren und als eigentlicher Ort der Souveränität zu erscheinen. Es überrascht nicht, dass die Ressourcen, die zur Finanzierung des Wohlfahrtsstaats benötigt werden, schwinden, da die Staaten nicht mehr in der Lage sind, die transnationalen Konzerne zu besteuern.

Insofern er die Machtstrategien, die hinter den Globalisierungsprozessen standen, enthüllt, erlaubt uns Gorz' Zugang, die Möglichkeit einer Gegenstrategie in den Blick zu bekommen. Natürlich wäre es vergebens, Globalisierung einfach abzulehnen oder ihr im Kontext des Nationalstaates widerstehen zu wollen. Nur wenn wir der Macht des transnationalen Kapitals eine andere Globalisierung, die durch ein anderes politisches Projekt geprägt ist, gegenüberstellen, haben wir eine Chance, dem Neoliberalismus erfolgreich zu widerstehen und eine neue Hegemonie einzusetzen.

Dennoch, solch eine gegenhegemoniale Strategie wird genau durch die Idee eines radikalen Zentrismus verunmöglicht, der die Existenz von Antagonismen und die Notwendigkeit politischer Grenzlinien verneint und verkündet, »Flexibilität« sei ein moderner sozialdemokratischer Wert. Zu glauben, man könne die Ziele großer Konzerne mit jenen schwächerer Sektoren versöhnen, heißt vor ihrer Macht bereits kapituliert zu haben. Dann würde man ihre Globalisierung als einzig mögliche akzeptieren und nur noch innerhalb der Zwänge, die das Kapital den nationalen Regierungen auferlegt, agieren. Wer solchen Vorstellungen anhängt, versteht unter Politik ein Spiel, in dem jeder gewinnen kann und wo die Forderungen aller erfüllt werden können, ohne dass irgendwer zu den Verlierern zählt. Für die radikale Mitte gibt es, wie wir gesehen haben, natürlich weder Feind noch Gegner. Jeder ist Teil »des Volkes«. Die Interessen der reichen, transnationalen Konzerne können glücklich mit denen der Arbeitslosen, der alleinerziehenden Mütter und Behinderten versöhnt werden. Soziale Kohäsion wird nicht durch Gleichheit, Solidarität und eine effektive Ausübung von Aktivbürgerschaft [*citizenship*] gewährleistet, sondern durch starke Familien, gemeinsame moralische Werte und die Anerkennung von Pflichten.

Indem sie der adversialen agonistischen Herausforderung gemeinsamer Werte keinen Raum lässt, verschlimmert diese neue Politik des guten Benehmens, die Nikolas Rose »Etho-Politik« nennt, den Autoritarismus und sozialen Konservatismus, der in kommunitaristischen Ansätzen angelegt ist.[112] Kein Wunder, dass New Labour unfähig ist, den Ausdruck von Dissens zu ertragen, den man als Gefährdung der eigenen Existenz wahrnimmt. Dennoch geht diese Politik ohne Gegner nach hinten los. Indem man vorgibt, alle in das »Volk« zu inkludieren, trägt New Labour zur Reproduktion der Unterordnung genau jener Leute bei, die man vorgeblich zu repräsentieren und verteidigen behauptet.

DIE LINKE UND DIE GLEICHHEIT

Radikale Politik kann nicht in der Mitte lokalisiert sein, denn radikal sein bedeutet, wie Margaret Thatcher im Unterschied zu Tony Blair sehr wohl wusste, auf eine profunde Transformation von Machtverhältnissen abzuzielen. Das kann nicht getan werden, ohne dass politische Grenzlinien gezogen und Gegner oder sogar Feinde definiert werden. Natürlich kann ein radikales Projekt nicht erfolgreich sein, wenn nicht eine große Vielzahl von Sektoren gewonnen wird. Alle signifikanten Siege der Linken waren immer das Ergebnis einer Allianz mit wichtigen Sektoren der Mittelklassen, deren Interessen mit jenen der popularen Sektoren artikuliert wurden. Mehr denn je ist heute solch eine Allianz für die Formulierung eines radikalen Projekts lebenswichtig. Das heißt aber nicht, dass solch eine Allianz den Mittelweg nehmen und einen Kompromiss zwischen dem Neoliberalismus und den von ihm unterdrückten Gruppen herstellen muss. Es gibt viele Themen, die die Bereitstellung ordentlicher öffentlicher Dienste und die Herstellung guter Lebensbedingungen betreffen, um die herum eine breite Allianz aufgebaut werden könnte. Das kann allerdings nicht stattfinden ohne Ausarbeitung eines neuen hegemonialen Projekts, das den Kampf für Gleichheit wieder auf die Agenda setzt, der von den Verfechtern des Neoliberalismus verworfen wurde.

Vielleicht ist die Abkehr von solch einem Kampf für Gleichheit das deutlichste Zeichen der Verleugnung der eigenen linken Identität durch New Labour. Unter dem Vorwand, eine moderne, post-sozialdemokratische Konzeption von Gleichheit entwickeln zu wollen, haben die Blair-Anhänger die Sprache der Umverteilung vermieden, um ausschließlich in Begriffen von Inklusion und Exklusion zu sprechen. Aus ihrer Sicht gehört die Mehrheit der Leute der Mittelklasse an: Einzige Ausnahme sind eine schmale Elite sehr Reicher auf der einen Seite und jene, die »ausgeschlossen« sind, auf der anderen. Diese neue Sozialstruktur soll die Grundlage für jenen »Konsens der Mitte« bereitstellen, den sie verfechten. Hieran lässt sich wieder erkennen, dass ihr Hauptlehrsatz lautet, Gesellschaft werde nicht länger durch ungleiche Machtverhältnisse strukturiert. Indem sie die strukturellen Ungleichheiten, die von der Marktwirtschaft systematisch produziert werden, in Begriffen des »Ausschlusses« neu definieren, scheuen sie jede Form struktureller Ursachenanalyse. So umgehen sie die fundamentale Frage, was dagegen zu tun sei, als würde die eigentliche Bedingung des Einschlusses der Ausgeschlossenen nicht wenigstens eine neue Regulationsweise des Kapitalismus erfordern, die eine drastische Umverteilung und eine Korrektur der tiefen

Ungleichheiten erlaubt, die das lange neoliberale Jahrzehnt hervorgebracht hat.

Die gegenwärtige Vermeidung des Themas der Gleichheit durch New Labour, sowie die zunehmende Akzeptanz von Ungleichheiten ist tatsächlich ausgesprochen symptomatisch. Norberto Bobbio hat uns daran erinnert, dass die Idee der Gleichheit das Rückgrat der linken Weltanschauung darstellt, während die Rechte – im Nahmen der Freiheit – verschiedene Formen der Ungleichheit immer geduldet hat. Der Umstand, dass ein bestimmter Typus egalitärer Ideologie verwendet wurde, um totalitäre Politikformen zu rechtfertigen, zwingt uns in keiner Weise, den Kampf für Gleichheit aufzugeben. Ein linkes Projekt benötigt die Wiederaufnahme dieses Kampfes für Gleichheit, der immer den Kern der Sozialdemokratie bildete – und zwar auf eine Weise, die der Vielfältigkeit sozialer Verhältnisse, in denen Ungleichheit angefochten werden muss, gerecht wird.

Es ist nicht meine Absicht, die traditionelle Sozialdemokratie zu verteidigen und vorzuspiegeln, sie würde die Lösung bereithalten. Der Thatcherismus war teils deshalb erfolgreich, weil es ihm gelang, das populare Ressentiment gegenüber den Unzulänglichkeiten der Sozialdemokratie zu seinen Gunsten zu reartikulieren. Die Defizite der traditionellen Sozialdemokratie waren deren Verständnislosigkeit in Bezug auf Formen der Unterordnung, die nicht vordringlich ökonomischer Natur waren, geschuldet. Deshalb war die Entstehung der Neuen Sozialen Bewegungen ein entscheidender Moment in der Krise des sozialdemokratischen Modells. In vielen Ländern kam dies der Rechten zugute, die es verstand, diese Krise zu nutzen, um Unterstützung für ihren neoliberalen Schlag gegen den Wohlfahrtsstaat zu mobilisieren. Es wäre daher naiv zu glauben, die Lösung für unsere heutigen Probleme bestünde in der Rückkehr zum keynesianischen sozialdemokratischen Modell, selbst wenn wir es auf europäischer Ebene ansteuerten. Was wir heute brauchen, ist eine Form der »postsozialdemokratischen Politik«, unter der Bedingung, dass dies keinen Rückfall *hinter* die Sozialdemokratie bedeutet, zu irgendwelchen präsozialdemokratischen liberalen Vorstellungen, sondern einen Fortschritt hin zu einem radikaleren und pluralistischeren Typus von Demokratie. Aber diese Art der Regression scheint genau jene Bewegung zu sein, die sich hinter der Logik vieler politischer Maßnahmen, die vom Dritten Weg verfochten werden (wie etwa »welfare to work«), verbirgt. Eine post-sozialdemokratische Politik muss, will sie die Vielfalt der Unterordnungsformen in Angriff nehmen, wie sie in sozialen Verhältnissen von Geschlecht, Rassifizierung, Umwelt oder Sexualität existieren, in Begriffen einer »radikalen und pluralen Demokratie« gefasst werden – nämlich als Ausweitung des Kampfes um Gleichheit und Freiheit auf ein breites Spannungsfeld sozialer Verhältnisse.

John Gray, ein langjähriger Kritiker der Sozialdemokratie, feiert New Labour für die Aufgabe einer redistributiven, sozialdemokratischen Gerechtigkeitsidee, aber er ist besorgt, dass noch nicht alles auf seinen angestammten Platz verwiesen wurde. Er drängt New Labour, das liberale Großbritannien neu zu erfinden durch Wiederaufnahme des Neuen Liberalismus, der in den frühen Jahrzehnten des zwanzigsten Jahrhunderts durch L. T. Hobhouse und T. H. Green befürwortet wurde. Solch einem Liberalismus zufolge, so Gray, seien ökonomische Ungleichheiten nicht als unfair zu betrachten, und das wesentliche Problem bestehe darin, die Forderungen individueller Wahlfreiheit mit den Notwendigkeiten sozialer Kohäsion zu versöhnen.

Ich bin der Ansicht, Gray konstruiert eine falsche Dichotomie zwischen Gleichheit und individueller Freiheit. Natürlich wird immer eine Spannung zwischen diesen Werten herrschen, und man muss nicht glauben, sie könnten perfekt miteinander versöhnt werden. Doch das bedeutet nicht, dass wir nicht versuchen sollten, beide zu entwickeln, ohne den einen Wert aufzugeben, um den anderen zu verfolgen. Für jene, die sich noch mit der Linken identifizieren, stehen Möglichkeiten zur Verfügung, um eine Form sozialer Gerechtigkeit zu denken, die zugleich Pluralismus und Gleichheit verpflichtet bleibt. So entwickelt etwa Michael Walzer in *Sphären der Gerechtigkeit* solch eine Konzeption, die er als »komplexe Gleichheit« bezeichnet.[113] Er argumentiert, dass man, um Gleichheit zum zentralen Ziel einer Politik, die auch Freiheit respektiert, zu machen, die Idee »einfacher Gleichheit« notwendigerweise verabschieden müsse, da sie dazu tendiere, die Leute in allen Gebieten so gleich wie möglich zu machen. Gleichheit ist aus seiner Sicht nie einfach, sondern ein komplexes Verhältnis zwischen Personen, das durch eine Reihe sozialer Güter vermittelt wird. Sie besteht nicht in der Identität des Besitzes. Der von ihm vertretenen komplexen Vorstellung von Gleichheit zufolge, sollten soziale Güter nicht in uniformer Manier verteilt sein, sondern im

Sinne einer Diversität von Kriterien, welche die Diversität dieser sozialen Güter, einschließlich der ihnen zugemessenen Bedeutung, reflektiert. Entscheidend ist, dass die Verteilungsprinzipien, die jeder Sphäre eigen sind, nicht verletzt werden und verhindert wird, dass Erfolg in einer Sphäre zur Möglichkeit zur Vorherrschaft in anderen führt – so wie das derzeit bei Reichtum der Fall ist. Aus dieser Perspektive ist es wesentlich, dass kein soziales Gut als Herrschaftsmittel genutzt werden kann und die Konzentration von politischer Macht, Reichtum, Ehre und Ämtern in denselben Händen vermieden wird. Wollte New Labour entlang dieser Linien weiterdenken, ließe sich der Kampf gegen Ungleichheit in einer Weise vorstellen, die Pluralismus respektiert und vertieft, statt individuelle Freiheit zu ersticken.

EIN NEUES LINKES PROJEKT

Das zentrale Problem, dem sich eine post-sozialdemokratische Sicht, die von einer Vorstellung komplexer Gleichheit ausgeht, zu stellen hat, ist die kritische Transformation, mit der unsere Gesellschaften konfrontiert sind: die Krise der Arbeit und die Erschöpfung der Lohnarbeitsgesellschaft. In diesem Bereich, mehr vielleicht als in allen anderen, ist evident, dass wir eine ziemlich andere Welt betreten haben, in der weder Laissez-faire-Liberalismus noch Keynesianismus eine Lösung anzubieten haben. Das Problem der Arbeitslosigkeit erfordert tatsächlich neue radikale Denkweisen. Wenn wir nicht verstehen, dass es kein Zurück zur Vollbeschäftigung geben wird (sollte diese je existiert haben) und ein neues Modell ökonomischer Entwicklung dringend benötigt wird, wird keine Alternative zum Neoliberalismus je vom Boden kommen. Die Amerikanisierung Europas wird unter dem liberalen Motto der »Flexibilisierung« voranschreiten.

Ein wirklich radikales Projekt muss von der Einsicht ausgehen, dass es aufgrund der Informationsrevolution zu einer wachsenden Trennung zwischen der Wohlstandsproduktion und der dafür nötigen Quantität an Arbeit kommt. Ohne drastische Umverteilung der durchschnittlichen effektiven Arbeitsdauer wird die Gesellschaft zunehmend polarisiert werden zwischen jenen, die in stabilen, regulären Beschäftigungsverhältnissen stehen, und dem Rest, der entweder arbeitslos ist oder prekären, ungeschützten oder Teilzeitbeschäftigungen nachgeht. Um gegen solch eine Polarisierung vorzugehen, wurde eine Reihe von Maßnahmen vorgeschlagen, die grob zu drei zentralen Punkten zusammengefasst werden können:[114]

1. Eine signifikante Reduktion der legalen und effektiven Arbeitszeit, kombiniert mit einer Politik aktiver Umverteilung unter den Festangestellten.

2. Die Förderung der massiven Entwicklung vieler Non-profit-Aktivitäten durch Genossenschaften [*associations*], die sowohl mit der privaten als auch der öffentlichen Wirtschaft interagieren, um zum Entstehen einer wirklich pluralistischen Ökonomie beizutragen – anstelle einer reinen Marktökonomie.

3. Das Ende der Stigmatisierung der ärmsten und ausgeschlossenen Gesellschaftssektoren durch Bereitstellung eines bedingungslosen Mindesteinkommens (Grundeinkommens), entweder für jede Person, die über kein Minimum an Rücklagen verfügt, oder ohne Berücksichtigung anderer Einkommen, des Alters, Geschlechts oder Zivilstands. In beiden Fällen sollte dieses Grundeinkommen zusätzlich (und nicht ergänzend) zu komplementären Ressourcen ausgezahlt werden.

Solche Maßnahmen würden eine plurale Ökonomie anfachen, in der der assoziative Sektor eine wichtige Rolle neben dem Markt und dem staatlichen Sektor spielt. Viele Aktivitäten von bedeutender sozialer Nützlichkeit, die von der Marktlogik verworfen werden, könnten durch öffentliche Finanzierung in dieser solidarischen Ökonomie übernommen werden. Erfolgsbedingung für solche Initiativen ist natürlich die dritte Maßnahme, die Implementierung einer Form des Bürgereinkommens, das jeder Person ein vernünftiges Minimum garantieren würde. Klarerweise würde die Ausarbeitung der verschiedenen Modalitäten solch eines Einkommens eine viel bessere Möglichkeit darstellen, die Reform des Wohlfahrtsstaats anzugehen, als diesen durch »workfare« zu ersetzen.

Gemeinsam implementiert könnten diese drei Maßnahmenbündel die Basis einer post-sozialdemokratischen Antwort auf den Neoliberalismus darstellen. Natürlich kann solch eine Antwort erfolgreich nur im europäischen Kontext durchgeführt werden, und deshalb kann ein linkes Projekt heute nur europäisch sein. In Zeiten der Globalisierung kann die Zähmung des Kapitalismus nicht auf der Ebene der Nationalstaaten alleine gelingen. Nur im Kontext eines integrierten Europas, in dem die verschiedenen Staaten ihre Kräfte bündeln, könnte der Versuch, das Finanzkapital stärker haftbar zu machen, gelingen. Sollten die europäischen Staaten, statt miteinander zu konkurrenzieren, um den transnationalen Konzernen die jeweils attraktiveren Deals anzubieten, sich auf gemeinsame politische Maßnahmen einigen, wäre eine andere Form der Globalisierung möglich.

Dass die traditionellen Konzeptionen sowohl der Linken als auch der Rechten den Problemen, denen wir uns am Beginn eines neuen Jahrtausends ausgesetzt sehen, nicht mehr angemessen sind, akzeptiere ich gerne. Doch zu glauben, die Antagonismen, die diese Kategorien evozieren, wären in unserer globalisierten Welt verschwunden, das heißt, dem hegemonialen neoliberalen Diskurs vom Ende der Politik auf den Leim zu gehen. Weit davon entfernt, an Relevanz verloren zu haben, ist der Einsatz, auf den die Kategorien von links und rechts verweisen, größer denn je. Vor uns liegt die Aufgabe, sie mit einem Inhalt zu versehen, durch den politische Leidenschaften wieder in Richtung des demokratischen agonistischen Kampfes gelenkt werden können.

Fazit
Die Ethik der Demokratie

I

Die Kritik des konsensualistischen Ansatzes, die in dieser Essaysammlung entwickelt wurde, sollte nicht als Unterstützung der unter manchen »postmodernen« Denkern verbreiteten Ansicht verstanden werden, demokratische Politik solle als eine »endlose Konversation« vorgestellt werden, in der man durchgehend zu versuchen habe, in ein dialogisches Verhältnis mit dem »Anderen« zu treten. Sicher insistieren jene, die diese Ansicht verteidigen, normalerweise – wie auch ich – auf der Notwendigkeit der Anerkennung von »Differenzen« und auf der Unmöglichkeit der vollständigen Reabsorption von Alterität. Dennoch denke ich, dass sie letztlich – wie im deliberativen Modell – nicht in der Lage sind, »das Politische« in seiner antagonistischen Dimension zu erfassen. Damit sollen nicht die wesentlichen Unterschiede zwischen beiden Modellen heruntergespielt werden. Während die deliberativen Demokraten, die Unparteilichkeit und rationalen Konsens betonen, die Ziele demokratischer Politik vornehmlich mit dem Vokabular Kantischen moralischen Räsonierens formulieren, weist der zweite Ansatz die Sprache universalistischer Moral zurück und versteht Demokratie nicht als deontologische, sondern als »ethische« Unternehmung, als unendlichen Versuch, den Anderen anzuerkennen. Um es ein wenig schematisch auszudrücken, könnten wir von einer Opposition zwischen moralisch-universalistischen und ethisch-partikularistischen Zugängen sprechen. Das Vokabular jener, die die »ethische« Perspektive verteidigen, leitet sich aus einer Vielzahl philosophischer Quellen her: Levinas, Arendt, Heidegger oder selbst Nietzsche. Doch trotz signifikanter Unterschiede fehlt bei allen, wie im deliberativen Zugang, eine wirkliche Reflexion über den Moment der »Entscheidung«, der das Feld der Politik charakterisiert. Das hat ernste Konsequenzen, denn genau solche Entscheidungen – die immer auf einem unentscheidbaren Terrain getroffen werden – strukturieren hegemoniale Verhältnisse. Sie beinhalten ein Element von Zwang und Gewalt, das nie eliminiert werden kann und nicht durch die Sprache von Ethik und Moral alleine erfassbar ist. Wir benötigen eine Reflexion auf das eigentlich Politische.

Stellen wir klar. Ich argumentiere nicht, Politik möge von ethischen oder moralischen Erwägungen losgelöst werden, aber diese müssen auf andere Art in ein Verhältnis zu ihr gesetzt werden. Ich würde vorschlagen, dass dies nicht geschehen kann, ohne dass die Natur menschlicher Soziabilität, von der moderne Demokratietheorie zumeist ausgeht, problematisiert wird. Um die Schwachstellen dieser herrschenden Vorstellung fassen zu können, müssen wir zu ihren Ursprüngen zurückkehren: dem Zeitalter der Aufklärung. Ein nützlicher Leitfaden für solch eine Untersuchung wird von Pierre Saint-Amands *The Laws of Hostility* bereitgestellt, einem Buch, in dem er eine politische Anthropologie der Aufklärung vorschlägt.[115] Indem er die Schriften Montesquieus, Voltaires, Rousseaus, Diderots und Sades durch die von René Girard entwickelte Perspektive untersucht, arbeitet er die Schlüsselrolle heraus, die in deren Soziabilitätskonzept die Logik der *Imitation* spielt, während er zugleich ihre unterdrückte Dimension deutlich macht. Er zeigt, wie die Aufklärungsphilosophen in ihrem Versuch, Politik auf Vernunft und Natur zu gründen, eine optimistische Sicht menschlicher Soziabilität annehmen mussten, wobei Gewalt als ein archaisches Phänomen verstanden wurde, das nicht wirklich zur menschlichen Natur gehört. In ihren Augen konnten antagonistische und gewaltsame Verhaltensformen, konnte alles, was eine Manifestation von Feindschaft war, dank des Fortschritts im Austausch und der Entwicklung von Soziabilität ausgelöscht werden. Ihnen eignet ein idealisiertes Verständnis von Soziabilität, das nur eine Seite dessen anerkennt, was die Dynamik der Imitation ausmacht. Pierre Saint-Amand erklärt, wie in der *Enzyklopädie* menschliche Wechselseitigkeit als etwas verstanden wird, das ausschließlich auf die Realisierung des Guten abzielt. Das ist möglich, da nur ein Teil der mimetischen Affekte, nämlich die mit Empathie verknüpften, in Betracht gezogen werden. Sobald man allerdings die ambivalente Natur des Imitationskonzepts anerkennt, kann dessen antagonistische Dimension ans Licht gebracht werden und wir erhalten ein ganz anderes Bild von Soziabilität. Die Bedeutung Girards besteht darin, dass er die konfliktorische Natur von Mimesis enthüllt hat, das *double bind*, wodurch die gleiche Bewegung, die Menschen in ihrem gemeinsamen Begehren nach den gleichen Objekten zusammenbringt, auch am

Ursprung ihres Antagonismus liegt. Rivalität und Gewalt, weit davon entfernt, das Außen des Austauschs darzustellen, sind daher dessen immer gegenwärtige Möglichkeit. Wechselseitigkeit und Feindschaft können nicht voneinander getrennt werden, und wir müssen einsehen, dass die soziale Ordnung immer von Gewalt bedroht werden wird.

Den Aufklärungsphilosophen gelang es nicht, da sie die antagonistische Dimension von Imitation anzuerkennen nicht bereit waren, die komplexe Natur menschlicher Wechselseitigkeit zu erfassen. Sie verleugneten die negative Seite des Austauschs, seinen dissoziierenden Impuls. Diese Verleugnung war die eigentliche Bedingung für die Fiktion eines Gesellschaftsvertrags, aus dem Gewalt und Feindschaft eliminiert worden waren und in dem Wechselseitigkeit die Form transparenter Kommunikation zwischen Partizipanten annehmen konnte. Obwohl viele von ihnen in ihren Schriften den negativen Möglichkeiten von Imitation nicht gänzlich entkommen konnten, waren sie doch nicht in der Lage, deren ambivalenten Charakter begrifflich zu formulieren. Es ist das eigentliche Wesen ihres humanistischen Projekts – die Ambition, die Autonomie des Sozialen zu gründen und Gleichheit zwischen Menschen zu sichern –, das sie zur Verteidigung einer idealisierten Sicht menschlicher Soziabilität verleitete.

Dennoch wurde, so Saint-Amand, der fiktive Charakter dieser Sicht von Sade aufgezeigt, der die Idee des Gesellschaftsvertrags zurückwies und Gewalt zelebrierte. Sade kann als eine Form des »abweichenden Liberalismus« verstanden werden, dessen Motto sein könnte, dass private Laster zum allgemeinen Laster beitragen. Er kann nicht von Rousseau getrennt werden, dessen Idee einer transparenten Gemeinschaft er in pervertierter Form reproduziert: Der Gemeinwille wird zum Lustwillen und die Unmittelbarkeit von Kommunikation wird zur Unmittelbarkeit der Ausschweifung.

II

Die Hauptlektion, die aus dieser kurzen Reise in die Anfänge unserer modernen demokratischen Perspektive zu ziehen ist, lautet, dass die epistemologische Seite der Aufklärung – im Unterschied zu den Behauptungen von Habermas und seinen Anhängern – nicht als Vorbedingung ihrer politischen Seite verstanden werden darf: dem demokratischen Projekt. Weit davon entfernt, als notwendige Basis der

Demokratie gelten zu können, erscheint die rationalistische Sicht der menschlichen Natur, mit ihrer Verleugnung des jeder Soziabilität inhärenten negativen Aspektes, als ihr schwächster Punkt. Indem sie die Anerkennung der Unauslöschbarkeit von Gewalt verwirft, macht sie Demokratietheorie unfähig, die Natur des »Politischen« in seiner Dimension von Feindschaft und Antagonismus zu erfassen.

Die heutigen Liberalen, die keineswegs eine angemessenere Sicht von Politik anzubieten haben, sind in gewissem Sinne sogar weniger als ihre Vorgänger bereit, deren »dunkle Seite« anzuerkennen. Wie wir gesehen haben, glauben sie, die Entwicklung der modernen Gesellschaft hätte definitiv die Bedingungen für eine »deliberative Demokratie« geschaffen, in der Entscheidungen von allgemeinem Interesse aus der freien und ungehinderten Deliberation aller hervorgehen. Politik in einer wohlgeordneten, demokratischen Gesellschaft ist, ihnen zufolge, das Feld, auf dem ein rationaler Konsens durch den freien Gebrauch öffentlicher Vernunft hergestellt wird, wie bei Rawls, bzw. durch unverzerrte Kommunikation, wie bei Habermas. Wie ich in Kapitel 4 gezeigt habe, sind für sie politische Fragen von moralischer Natur und deshalb einer vernunftgemäßen Behandlung gegenüber empfänglich. Ziel der Demokratie ist es, Prozeduren bereitzustellen, die garantieren, dass ein unparteiischer Gesichtspunkt erreicht wird.

Um über Demokratie auf andere Weise nachzudenken, ist es höchste Zeit zu verstehen, dass die Kritik der Aufklärungsepistemologie keine Gefahr für das moderne Demokratieprojekt bedeutet. Wir sollten unsere Position an Hans Blumenberg bestimmen, der in *Die Legitimität der Neuzeit* zwei Aspekte der Aufklärung unterscheidet, einen der »Selbstbehauptung« und einen der »Selbstkonstitution«.[116] Er argumentiert, dass sie historisch verknüpft waren, dass aber kein notwendiges Verhältnis zwischen ihnen bestehe und sie voneinander getrennt werden könnten. Es ist daher möglich, zwischen der Idee der »Selbstbehauptung«, die die wirklich moderne Seite der Aufklärung darstellt, und der Idee der »Selbstkonstitution«, die nur eine Wiederbesetzung einer mittelalterlichen Position ist, also ein Versuch, eine moderne Antwort auf eine immer noch prämoderne Frage zu finden, zu unterscheiden.

Blumenbergs Hinweis erlaubt uns zu verstehen, dass der Rationalismus keineswegs notwendig für die Idee der »Selbstbehauptung« ist, sondern vielmehr ein Überbleibsel der absolutistischen mittelalterlichen Problematik darstellt. Die Illusionen der Selbstgründung, die die Arbeit der Befreiung von der Theologie begleiteten, sollten nun aufgegeben werden, und moderne Vernunft muss ihre Grenzen anerkennen. Die moderne Vernunft befreit sich nur von ihrem prämodernen Erbe, wenn sie mit den radikalen Implikationen des Wertepluralismus (im starken nietzscheanischen oder weberianischen Sinn) und mit der Unmöglichkeit totaler Harmonie zurande kommt.

III

Eine »ethische« Perspektive ist – wenigstens potentiell – dem Verständnis der Grenzen der Vernunft und der Konzeptualisierung der Wertepluralität zuträglicher, und ich fühle mich sicherlich den verschiedenen Ansätzen näher, die in Begriffen der »Ethik« und nicht in solchen der »Moralität« argumentieren. Allerdings bleibt an ihnen problematisch, dass sie zwar der Rolle der Rhetorik und Überzeugung, sowie der Bedeutung von »Differenzen« allgemein aufgeschlossener gegenüber stehen, dass sie aber die Notwendigkeit, dem Pluralismus einige Grenzen zu setzen, umgehen oder sie nicht ausreichend betonen. Sie anerkennen die hegemoniale Natur jedes möglichen Konsenses genausowenig wie die unauslöschbare Gewalt, die damit einhergeht.

Ich beziehe mich hier nicht auf die prämoderne Form des »ethischen« Diskurses, auf die von den Kommunitaristen befürwortete neo-aristotelische Ethik des Guten, deren Unangemessenheit für eine moderne pluralistische Demokratie ich bereits in *The Return of the Political* herausgearbeitet habe.[117] Ich denke vielmehr an die »postmodernen« ethischen Ansätze, die jedem Versöhnungsversuch kritisch gegenüber stehen. Meiner Ansicht nach gelingt es ihnen nicht, die Spezifik des Politischen zu erfassen, da sie die Domäne der Politik durch die Linse eines anderen Sprachspiels betrachten: der Ethik. Aus diesem Grund hat hier »Agonismus« – im Unterschied zu jenem, den ich verteidige – die antagonistische Dimension eliminiert, die dem Politischen eigen ist. Die Art von Pluralismus, die sie zelebrieren, beinhaltet die Möglichkeit einer Pluralität ohne Antagonismus, eines Freundes ohne Feind, eines Agonismus ohne Antagonismus, – als könnten, sind wir erst einmal in der Lage, Verantwortung dem anderen gegenüber zu übernehmen und seine Differenz zu respektieren, Gewalt und Ausschluss verschwinden. Das hieße aber einen Punkt annehmen, an dem Ethik mit Politik vollständig zusammenfällt, und das ist genau, was ich bestreite, denn es bedeutet, dass die Gewalt, die Soziabilität inhärent ist, ausgelöscht wird – eine Gewalt, die kein Vertrag oder Dialog eliminieren kann, da sie eine ihrer Dimensionen konstituiert. Ich behaupte, dass demokratische Politik durch diese Art von Verleugnung weder gesichert noch vorwärts gebracht werden kann. Im Gegenteil, nur indem wir die widersprüchlichen Tendenzen, die im sozialen Austausch zum Tragen kommen, sowie die Fragilität der demokratischen Ordnung anerkennen, werden wir in der Lage sein zu erfassen, was, wie ich argumentiert habe, die Aufgabe ist, der sich Demokratie gegenüber sieht: Wie lässt sich der in menschlichen Verhältnissen potentiell verborgene Antagonismus zu einem Agonismus transformieren?

IV

Um meine Vorschläge für einen »agonistischen Pluralismus« auszuarbeiten, habe ich in den vorangegangenen Kapiteln unterschiedliche theoretische Diskurse mobilisiert. Als besonders hilfreich für die Kritik der vom konsensualen Zugang in all seinen Varianten – »deliberativen« wie jenen des »Dritten Weges« – unterstellten Verfügbarkeit einer nicht-exklusiven Öffentlichkeit, in der ein nicht-erzwungener Konsens erreicht werden kann, hat sich die Dekonstruktion erwiesen. Wie Derrida gezeigt hat, wird solch ein unparteiischer Standpunkt aufgrund der Unentscheidbarkeit, die in der Konstruktion jeder Form von Objektivität am Werk ist, verunmöglicht. Wenn Differenz zugleich Ermöglichungsbedingung der Konstitution von Einheit und Totalität und der Konstitution ihrer notwendigen Grenzen ist, dann müssen wir akzeptieren, dass Alterität irreduzibel ist. Der dekonstruktive Ansatz macht deutlich, dass das Vokabular der Kantischen universalistischen Moral, der zufolge die Universalität moralischer Imperative durch ihre rationale Form gerechtfertigt wird, dem Denken von Ethik und Politik hochgradig unangemessen ist. Derrida hat immer wieder darauf bestanden, dass es nicht möglich ist, die Konzepte von politischer Entscheidung und ethischer Verantwortung zu denken, ohne einen rigorosen Begriff der Unentscheidbarkeit hinzuzuziehen.[118]

Unentscheidbarkeit, so Derrida, ist kein Moment, der durchquert oder überwunden werden kann, und Pflichtkonflikte sind unabstellbar. Wir können nie sichergehen, dass wir eine gute Wahl getroffen haben, denn eine Entscheidung im Sinne einer bestimmten Alternative fällt immer zu Ungunsten einer anderen. In genau diesem Sinne kann von Dekonstruktion behauptet werden, sie sei »hyperpolitisierend«. Politisierung endet nie, denn Unentscheidbarkeit lebt in der Entscheidung fort. Jeder Konsens erscheint als Stabilisierung von etwas, das essentiell instabil und chaotisch ist. Chaos und Instabilität sind irreduzibel, aber dies ist zugleich ein Risiko und eine Chance, da kontinuierliche Stabilität das Ende von Politik und Ethik bedeuten würde.

Dennoch würde ich einige Vorbehalte anmelden, um meine Position von bestimmten Aneignungen der Dekonstruktion abzugrenzen, die dazu tendieren, die Idee einer »Demokratie im Kommen« – die ich unterstützt habe – wie eine regulative Idee zu behandeln, womit sie ihr ihre Schärfe nehmen. Wie sollte sie interpretiert werden, will man solch eine Verwechslung vermeiden? Ich schlage vor, sie sollte in Verhältnis zu dem gefasst werden, was Derrida in *Die Politik der Freundschaft* als Enigma der »vollkommenen Freundschaft« untersucht.[119] Zwei mögliche Interpretationen werden von ihm ausgemacht: Der ersten zufolge wird Freundschaft als *arché* oder Telos verstanden, dem man entgegenstreben müsse, selbst wenn es unerreichbar bleibt. In diesem Fall ist die Unzugänglichkeit nur eine Distanzierung innerhalb der Unermesslichkeit eines homogenen Raums; ein Weg, der gegangen werden muss. Aber solch eine Unzugänglichkeit kann auch auf andere Weise gedacht werden, nämlich in Begriffen einer Alterität, die wahre oder vollkommene Freundschaft nicht nur als vorstellbares Telos unerreichbar macht, sondern sie auch als unvorstellbar erfährt in ihrer eigentlichen Essenz, und damit in ihrem Telos. Hier nimmt Unzugänglichkeit die Bedeutung einer prohibitiven Sperre innerhalb des eigentlichen Konzepts der Freundschaft an. In diesem Fall, so Derrida mit einem Zitat Pierre Aubenques, könnte man sagen, dass »perfekte Freundschaft sich selbst zerstört«. Auf der einen Seite haben wir es mit einem vorstellbaren, determinierbaren Telos zu tun, das in der Realität nicht erreicht werden kann. Auf der anderen Seite bleibt das Telos unerreichbar, weil es in seiner eigentlichen Essenz selbst widersprüchlich ist.[120]

Das »im Kommen« der pluralistischen Demokratie entlang einer ähnlichen Linie ins Auge zu fassen, kann uns helfen, den Unterschied zwischen der Demokratiekonzeption eines Rationalisten wie Habermas und der antagonistischen Problematik, die ich vertrete, zu fassen. Im ersten Fall wird demokratischer Konsens als asymptotische Annäherung an die regulative Idee einer freien und zwanglosen Kommunikation verstanden, der nur Hindernisse im Wege liegen, die *empirischer* Natur sind. Im zweiten Fall wird die *konzeptuelle* Unmöglichkeit einer Demokratie anerkannt, in der Gerechtigkeit und Harmonie realisiert wären. Die perfekte Demokratie würde sich in der Tat selbst zerstören. Deshalb sollte sie als ein Gut konzipiert werden, das als Gut nur existiert, solange es unerreichbar bleibt.

V

Ist solch eine Betonung der *konzeptuellen* Unmöglichkeit von Versöhnung ausreichend, um mit der Unauslöschbarkeit des Antagonismus zurande zu kommen? Stellt sie uns jene ethische Perspektive zu Verfügung, die eine agonistische Demokratiekonzeption erfordert? Verschiedene Autoren haben jüngst argumentiert, die »Ethik der Psychoanalyse«, wie sie von Jacques Lacan ausgearbeitet wurde, liefere jene »Ethik der Disharmonie«, die von demokratischer Politik benötigt werde. Slavoj Žižek hat gezeigt, wie die lacanianische Theorie die eigentlichen Grundlagen einer von Zwängen und Gewalt befreiten intersubjektiven Kommunikation untergräbt.[121] Tatsächlich zeigt Lacan, wie Diskurs selbst in seiner fundamentalen Struktur autoritär ist, da aus der frei flottierenden Verstreuung von Signifikanten nur durch die Intervention eines Herrensignifikanten ein konsistentes Bedeutungsfeld entstehen kann. Für ihn ist der Status des Herrensignifikanten, des Signifikanten symbolischer Autorität, die nur auf ihm selbst gegründet ist (auf seinem eigenen Äußerungsakt), strikt transzendental: Die Geste, die ein symbolisches Feld »verzerrt«, die seinen Raum »krümmt«, indem sie eine ungegründete Gewalt einführt, ist stricto sensu zu dessen eigentlicher Einrichtung korrelativ. Ziehen wir von einem diskursiven Feld dessen Verzerrung ab, dann wird dieses Feld desintegrieren, sein »Stepppunkt« wird sich auftrennen.

Yannis Stavrakakis hat seinerseits darauf hingewiesen, wie aus Sicht Lacans einer der entscheidenden Züge Freuds darin besteht, das

»Gute als solches«, das im Bereich der Ethik ewiger Gegenstand der Suche der Philosophen war, zu verneinen. Er deckt auf:

> Was jenseits der sukzessiven Konzeptionen des Guten, jenseits der traditionellen ethischen Denkweisen liegt, ist ihr ultimatives Versagen, ihre Unfähigkeit in der Beherrschung der zentralen Unmöglichkeit, des konstitutiven Mangels, um den herum menschliche Erfahrung organisiert ist.[122]

Diese Unmöglichkeit nennt er »das Reale«, und die ethische Strategie der Psychoanalyse besteht in der symbolischen Anerkennung der Irreduzibilität des Realen. Indem sie mit der traditionellen Ethik bricht, disloziert die »Ethik der Psychoanalyse« die eigentliche Idee des Guten, statt – dank einer weiteren Konzeption des Guten – auf ein Stadium der Harmonie hinzuarbeiten.

Auf ähnliche Weise unterstreicht John Rajchman, was er die »dritte Revolution« nennt, die Freud in das Feld der Ethik eingeführt habe, indem er sowohl mit der Perspektive der antiken Ethik, wo die Regeln der Pflicht sich um die Ziele der Tugend drehten, als auch mit der des Kantischen Ansatzes brach, der das Gute sich um das oberste Prinzip der Pflicht drehen ließ. Freud entwickelte einen neue Form der Ethik und fragte:

> Wie wir nicht etwa allein durch Klugheit, abstrakte Pflicht oder kalkuliertes Interesse zusammengebracht werden können, sondern durch unsere gemeinsame Erfahrung der »Struktur« der Verdrängung oder des Gesetzes, das jeden und jede individuiert gemäß der Kontingenzen seines oder ihres Geschicks – der Struktur des »dezentrierten« Subjekts und seiner Antwort auf das Reale. Welcher Art der Gemeinschaft können wir als gespaltene Subjekte angehören?[123]

Der psychoanalytische Ansatz, wie er von Lacan formuliert wurde, stellt ethische wie politische Reflexion vor eine neue Reihe von Fragen, die mit jenen konvergieren, die im Zentrum des agonistischen Pluralismus stehen, den ich vertrete. Er zwingt uns etwa, ein wichtiges Problem in Angriff zu nehmen, das damit zu tun hat, wie die Effekte des Realen in sozio-politische Analyse übersetzt werden können. Wird das Reale nicht als *Effekt* eines tieferen Grundes verstanden, sondern als im eigentlichen Terrain der Konstitution des Sozialen operierend, dann können seine Erscheinungsformen – Antagonismus, Dislokation – nicht auf einen positiven Erklärungsgrund zurückgeführt werden. Das hat mit der Idee, die zentral für mein Argument ist, zu tun, dass soziale Teilung konstitutiv ist. Allgemeiner gesprochen, dieser konstitutive Charakter des Realen involviert die notwendige Verschiebung der Kategorien klassischer Ontologie. Neue Objekte und Verhältnisse zwischen Objekten werden denkbar, und das hat wesentliche Konsequenzen für ein nicht-rationalistisches Verständnis von Politik.

Als Ethik, die darauf zielt, zwischen uns eine neue Form des Bandes zu erzeugen, eines Bandes, das uns als geteilte Subjekte anerkennt, ist die psychoanalytische »Ethik des Realen« (Žižek) meines Erachtens besonders für eine pluralistische Demokratie geeignet. Sie träumt von keiner unmöglichen Versöhnung, da sie nicht nur anerkennt, dass die Vielfältigkeit der Vorstellungen vom Guten irreduzibel ist, sondern auch anerkennt, dass Antagonismus und Gewalt unauslöschbar sind. Was sollen wir mit dieser Gewalt anfangen, wie mit diesem Antagonismus umgehen? – Dies sind die ethischen Fragen, mit denen sich eine pluralistisch-demokratische Politik immer konfrontiert sehen wird und für die es keine endgültige Lösung geben kann.

Wenn wir die Verleugnung des notwendigen Hiatus zwischen Ethik und Politik zurückweisen und die irreduzible Spannung zwischen Gleichheit und Freiheit anerkennen, also zwischen der Ethik der Menschenrechte und der politischen Logik, die die Erzeugung von Frontlinien beinhaltet (mitsamt all der Gewalt, die das mit sich bringt), dann anerkennen wir zugleich, dass das Feld des Politischen nicht auf ein rationales moralisches Kalkül reduzierbar ist und immer Entscheidungen erfordern wird.

Die Reduzierung des notwendigen Hiatus zwischen Ethik und Politik zurückweisen und die irreduzible Spannung zwischen Gleichheit und Freiheit anerkennen, zwischen der Ethik der Menschenrechte und der politischen Logik, die die Erzeugung von Frontlinien beinhaltet samt all der Gewalt, die das mit sich bringt, das heißt anzuerkennen, dass das Feld des Politischen nicht auf ein rationales moralisches Kalkül reduzierbar ist und immer Entscheidungen erfordern wird. Das demokratische Paradox lässt sich tatsächlich nur anerkennen, wenn wir die Illusion einer möglichen Versöhnung von Ethik mit Politik aufgeben und zurande kommen mit der nie endenden Befragung des Politischen durch das Ethische.

Anmerkungen

[1] Claude Lefort, *Democracy and Political Theory*, Oxford 1988, S.19.
[2] F. Hayek, *The Road to Serfdom*, London 1944, S.52.
[3] Einmal mehr gibt es Überschneidungen zwischen meinen Überlegungen und dem Werk von William Connolly, der – in *Identity/Difference* (Ithaca, 1991) und *The Ethos of Pluralization* (Minneapolis, 1995) – für eine »Politik des Paradoxons« plädiert. Obwohl wir unterschiedliche Aspekte betonen, da Connolly besonders daran interessiert ist, das »Paradox von Differenz« herauszuarbeiten, und ich besonders am Paradox liberaler Demokratie interessiert bin, überlappen sich unsere Ansätze an vielen wichtigen Punkten. Wir beide gehen davon aus, dass es für eine pluralistische, demokratische Politik von vitalem Interesse ist, Paradoxa herauszustellen und anzuerkennen, statt sie durch Appelle zu Rationalität oder Gemeinschaft zu verschleiern oder zu transzendieren.
[4] Ernesto Laclau und Chantal Mouffe, *Hegemonie und radikale Demokratie*, Wien 1991.
[5] Chantal Mouffe, *The Return of the Political*, London 1993.
[6] Im Original dt., Anm. d. Ü.
[7] Ich habe bei vielfacher Gelegenheit den unredlichen Versuch kritisiert, Poststrukturalismus mit Postmodernismus zu vermengen, und ich werde dieses Argument hier nicht wiederholen. Erinnern wir uns nur, dass der Anti-Essentialismus, den ich vertrete, keineswegs auf den Poststrukturalismus beschränkt ist, sondern den Konvergenzpunkt vieler unterschiedlicher Denkströmungen bildet und bei so unterschiedlichen Autoren aufgefunden werden kann wie Derrida, Rorty, Wittgenstein, Heidegger, Gadamer, Dewey, Lacan und Foucault.
[8] E. Laclau und Ch. Mouffe, *Hegemonie und radikale Demokratie*, Wien 1991.
[9] Für eine Kritik des Versuchs von Larmore und Rawls, den liberalen Neutralitätsbegriff zu reformulieren, vgl. Chantal Mouffe, *The Return of the Political*, London 1993, Kapitel 9.
[10] John Rawls, *Politischer Liberalismus*, Frankfurt am Main 2003, S.14
[11] Ebd., S.128.
[12] Ebd., S.288.
[13] Ebd., S.250.
[14] Ebd., S.329.
[15] Ebd., S.361.
[16] Ebd., S.256.
[17] Ebd., S.274.
[18] Rudolphe Gasché, *The Tain of the Mirror*, Cambridge, MA 1986, S.105.
[19] John Rawls, *Politischer Liberalismus*, Frankfurt am Main 2003, S.62.

[20] Ich habe gedacht, jeder könnte verstehen, dass es möglich ist, Schmitt gegen Schmitt zu wenden – die Einsichten seiner Kritik des Liberalismus zu verwenden, um den Liberalismus zu konsolidieren –, während man anerkennt, dass dies natürlich nicht seine eigene Absicht war. Dennoch scheint das nicht der Fall zu sein, denn Bill Scheurmann kritisiert mich in *Between the Norm and the Exception* (Cambridge, MA 1994, S.8) dafür, Schmitt als einen Theoretiker radikaler pluralistischer Demokratie zu präsentieren!

[21] David Held, *Democracy and the Global Order*, Cambridge 1995.

[22] Richard Falk, *On Human Governance*, Cambridge 1995.

[23] Carl Schmitt, *Die geistesgeschichtliche Lage des heutigen Parlamentarismus*, Berlin 1926, S.13-14.

[24] Ebd., S.14.

[25] Ebd., S.18-19.

[26] Ebd., S.14.

[27] Ebd.

[28] Ebd., S.17.

[29] Ebd., S.18.

[30] Ein ähnliches Argument habe ich starkgemacht bezüglich der Spannung, die zwischen der Artikulation der liberalen Logik der Differenz und der demokratischen Logik der Äquivalenz besteht, siehe meine Diskussion zu Schmitt in *The Return of the Political*, London 1993, Kapitel 7 und 8.

[31] Carl Schmitt, *Der Begriff des Politischen*, 6. Auflage, Berlin 1963, S.69.

[32] Für eine Kritik des Rawls'schen Modells und seiner Unfähigkeit, die *politische* Natur der Unterscheidung, die er zwischen »einfachem« und »vernünftigem Pluralismus« herstellt, einzusehen, vgl. Kapitel 1.

[33] Seyla Benhabib, »Deliberative Rationality and Models of Democratic Legitimacy«, *Constellations*, 1, 1, April 1994, S.30.

[34] Ebd., S.31.

[35] Dies findet bei beiden Autoren freilich auf unterschiedliche Weise statt. Rawls verbannt Pluralismus in die private Sphäre, während Habermas ihn aus der Öffentlichkeit mithilfe von Argumentationsprozeduren gewissermaßen ausblendet. In beiden Fällen besteht das Ergebnis in der Elimination des Pluralismus aus der Öffentlichkeit.

[36] Schmitt, *Der Begriff des Politischen*, S.36.

[37] Schmitt, *Der Begriff des Politischen*, S.54.

[38] Ebd., S.45.

[39] Carl Schmitt, »Staatsethik und pluralistischer Staat«, *Kant-Studien*, 35 (1930), S.31.

[40] Ebd., S.41.

[41] Jean-François Kervégan, *Carl Schmitt et Hegel. Le politique entre méta-physique et positivité*, Paris 1992, S.259.

[42] Hanna Pitkin, *Wittgenstein and Justice*, Berkeley 1972, S.337.

[43] James Tully, »Wittgenstein and Political Philosophy«, in *Political Theory* 17, 2, Mai 1989, S.172.

[44] James Tully, *Strange Multiplicity: Constitutionalism in an Age of Diversity*, Cambridge 1995.
[45] Ronald Dworkin, *New York Review of Books*, 17. April 1983.
[46] Michael Walzer, *Sphären der Gerechtigkeit*, Frankfurt und New York 2006.
[47] John Gray, *Liberalisms: Essays in Political Philosophy*, London und New York 1989, S.252.
[48] Peter Winch, »Certainty and Authority«, in A. Philipps Griffiths (Hg.), *Wittgenstein Centenary Essays*, Cambridge 1991, S.235.
[49] Richard Rorty, »Sind Aussagen universelle Geltungsansprüche?«, *Deutsche Zeitschrift für Philosophie*, 6, 1994, S.986.
[50] Richard Rorty, »Justice as a Larger Loyalty«, Vortrag auf der Seventh East-West Philosophers Conference, University of Hawaii, Januar 1995, publiziert in *Justice and Democracy: Cross-Cultural Perspectives*, hg. von R. Botenkoe und M. Stepaniants, University of Hawaii Press 1997, S.19.
[51] Richard E. Flathman, *Towards a Liberalism*, Ithaca and London 1989, S.63.
[52] Ludwig Wittgenstein, Werkausgabe, Bd.1, Frankfurt am Main 1984, S.356.
[53] Ebd., S.356.
[54] Vgl. Ludwig Wittgenstein, Werkausgabe, Bd.8, Frankfurt am Main 1984, S.160f.
[55] Im Original dt., Anm. d. Ü.
[56] Ebd., S.243.
[57] Vgl. in dieser Hinsicht Chantal Mouffe, *The Return of the Political*, London 1993.
[58] Tully, *Strange Multiplicity*, S.107.
[59] Wittgenstein, Bd.1, S.288.
[60] Tully, *Strange Multiplicity*, ibid.
[61] Wittgenstein, Bd.1, S.345.
[62] Tully, *Strange Multplicity*, S.105.
[63] Wittgenstein, Bd.1, S.277f.
[64] Es gibt viele Versionen des Modells »deliberativer Demokratie«, manche rationalistischer als andere. Aber ihnen allen ist die Vorstellung gemeinsam, dass die westliche Demokratie überlegen sei und ihre Institutionen aufgrund ihres höheren Rationalitätsgrads eine kulturüberschreitende Validität besäßen. Für eine modifizierte Habermasianische Version des Modells vgl. Seyla Benhabib, »Deliberative Rationality and Models of Democratic Legitimacy«, *Constellations* 1, 1, April 1994.
[65] Wittgenstein, Bd.1, S.346.
[66] Wittgenstein, Bd.1, S.350.
[67] Cavell, *Conditions Handsome and Unhandsome*, Chicago 1988, S.21.
[68] Ebd., S.24.
[69] Für diese Kritik Cavells an Rawls vgl. Kapitel 3 von *Conditions Handsome and Unhandsome.*
[70] John Rawls, *Eine Theorie der Gerechtigkeit*, Frankfurt am Main 1979, S.578.
[71] Cavell, *Conditions*, S.xxxviii.

[72] Diese Sicht einer »radikalen und pluralen Demokratie« wurde ausgearbeitet in Ernesto Laclau und Chantal Mouffe, *Hegemonie und radikale Demokratie*, Wien 1991.
[73] Dass verschiedene Konvergenzpunkte zwischen Wittgenstein und Derrida existieren, wird aus einer anderen Perspektive in dem sehr interessanten Buch von Henry Staten argumentiert, *Wittgenstein and Derrida*, Oxford 1985.
[74] Jacques Derrida, *Gesetzeskraft. Der »mystische Grund der Autorität«*, Frankfurt am Main 1991, S.50f.
[75] Joseph Schumpeter, *Kapitalismus, Sozialismus und Demokratie*, Stuttgart 2005.
[76] Anthony Downs, *An Economic Theory of Democracy*, New York 1957.
[77] John Rawls, *Eine Theorie der Gerechtigkeit*, Frankfurt am Main 1979.
[78] Vgl. etwa Jürgen Habermas, »Three Normative Models of Democracy«, in Seyla Benhabib (Hg.), *Democracy and Difference*, Princeton 1996.
[79] John Rawls, *Politischer Liberalismus*, Frankfurt am Main 2003, S.68.
[80] Jürgen Habermas, *Faktizität und Geltung. Beiträge zur Diskurstheorie des Rechts und des demokratischen Rechtsstaats*, Frankfurt am Main 1998, S.161.
[81] Joshua Cohen, »Democracy and Liberty«, in J. Elster (Hg.), *Deliberative Democracy*, Cambridge 1988, S.187.
[82] Seyla Benhabib, »Toward a Deliberative Model of Democratic Legitimacy«, in Seyla Benhabib (Hg.), *Democracy and Difference*, Princeton 1996, S.77.
[83] Benhabib, »Toward a Deliberative Model«, S.70.
[84] Cohen, »Democracy and Liberty«, S.194.
[85] Benhabib, »Toward a Deliberative Model«, S.69.
[86] Jürgen Habermas, *Strukturwandel der Öffentlichkeit*, Frankfurt am Main 1990, S.40.
[87] Rawls, *Politischer Liberalismus*, S.317.
[88] Solch ein Argument wird von Reiner Forst vorgetragen in seiner Besprechung von »Political Liberalism« in *Constellations* 1, 1, S.169.
[89] Cohen, »Democracy and Liberty«, S.194.
[90] Jürgen Habermas, »Reconciliation Through the Public Use of Reason: Remarks on John Rawls's Political Liberalism«, *The Journal of Philosophy*, XXCII, 3, 1995, S.126.
[91] Ebd., S.131.
[92] John Rawls, »Reply to Habermas«, *The Journal of Philosophy* XCII, 3, 1995, S.170-74.
[93] Charles Larmore, *The Morals of Modernity*, Cambridge 1996, S.217.
[94] Ich habe dieses Argument entwickelt in meinem Artikel »Carl Schmitt and the Paradox of Liberal Democracy«, in Chantal Mouffe (Hg.), *The Challenge of Carl Schmitt*, London 1999, siehe auch Kap. 2.
[95] Benhabib, »Toward a Deliberative Model«, S.68.
[96] Michael Oakeshott, *On Human Conduct*, Oxford 1975, S.149-58.
[97] Chantal Mouffe, *The Return of the Political*, London 1993, Kap. 4.
[98] Siehe Kap. 3 dieses Buchs.

[99] Ludwig Wittgenstein, Werkausgabe, Bd.8, Frankfurt am Main 1984, S.540f.
[100] Ebd., S.243.
[101] Ludwig Wittgenstein, Werkausgabe, Bd.1, Frankfurt am Main 1984, S.297.
[102] Carl Schmitt, *Der Begriff des Politischen*, 6. Auflage, Berlin 1963, S.69.
[103] Ernesto Laclau und Chantal Mouffe, *Hegemonie und radikale Demokratie*, Wien 1991.
[104] »Agonistischer Pluralismus«, wie hier definiert, ist ein Versuch, das operativ zu machen, was Richard Rorty eine »Neubeschreibung« des grundlegenden Selbstverständnisses der liberal-demokratischen Regierungsform nennen würde, womit betont wird, wie wichtig die Anerkennung ihrer konfliktorischen Dimension ist. Er muss daher von der Weise unterschieden werden, in der John Gray denselben Begriff verwendet, um sich auf die breite Rivalität zwischen ganzen Lebensformen zu beziehen, die er als »tiefere Wahrheit« bezeichnet, von der »agonistischer Liberalismus nur ein Exemplar ist«. John Gray, *Enlightenment's Wake: Politics and Culture at the Close of the Modern Age*, London 1995, S.84.
[105] Diese antagonistische Dimension, die nie vollständig eliminiert werden kann, sondern nur »gezähmt« oder »sublimiert«, indem sie gewissermaßen auf agonistische Weise »ausagiert« wird, unterscheidet mein Verständnis von Agonismus von jenem, das von anderen, von Nietzsche oder Hannah Arendt beeinflussten »agonistischen Theoretikern« wie William Connolly oder Bonnie Honig vertreten wird. Es scheint mir, dass deren Konzeption die Möglichkeit offenlässt, dass das Politische unter bestimmten Bedingungen absolut kongruent mit dem Ethischen gemacht werden könnte. Diesen Optimismus teile ich nicht.
[106] Anthony Giddens, *Jenseits von Links und Rechts. Die Zukunft radikaler Demokratie*, Frankfurt am Main 1997; ders., *Der dritte Weg. Die Erneuerung der sozialen Demokratie*, Frankfurt am Main 1999.
[107] Mike Rustin, »Editorial«, *Soundings* 11 (Frühjahr) 1999, S.8.
[108] Alan Ryan, »Britain: Recycling the Third Way«, *Dissent* (Frühjahr) 1999, S.79.
[109] Anna Coote, »It's lads on top at Number Ten«, *The Guardian*, 11. Mai 1999.
[110] Ein ähnliches Argument wurde von Doreen Massey im Editorial von *Soundings* 7, Herbst 1997, vorgebracht.
[111] André Gorz, *Misères du présent, Richesse du possible*, Galilée, Paris 1997.
[112] Nikolas Rose, »Community, Citizenship and the Third Way«, in D. Meredyth und J. Minson (Hg.), *Citizenhsip and Cultural Policy*, London 1999.
[113] Michael Walzer, *Sphären der Gerechtigkeit*, Frankfurt und New York 2006.
[114] Dieses Programm wurde von der Gruppe erarbeitet, die den »Europäischen Aufruf für eine plurale Bürgerschaft und plurale Ökonomie« verfasste. Eine Präsentation ihrer Hauptthesen kann gefunden werden in Guy Aznar, Alain Caillé et al., *Vers une économie plurielle*, Paris 1997.
[115] Pierre Saint-Amand, *The Laws of Hostility: Politics, Violence and the Enlightenment*, Minneapolis 1996.
[116] Hans Blumenberg, *Die Legitimität der Neuzeit*, Frankfurt am Main 1988.
[117] Chantal Mouffe, *The Return of the Political*, London 1997, S.221-224.

[118] Vgl. beispielsweise seine »Bemerkungen zu Dekonstruktion und Pragmatismus«, in Chantal Mouffe (Hg.), *Dekonstruktion und Pragmatismus. Demokratie, Wahrheit und Vernunft*, Wien 1999, S.171-195.

[119] Jacques Derrida, *Politik der Freundschaft*, Frankfurt am Main 2002, S.300-303.

[120] Dieser Widerspruch ergibt sich aus der Tatsache, dass man das größte Gut für seinen Freund wünschen muss, d.h., dass er oder sie ein Gott wird. Doch kann man das aus zumindest drei Gründen nicht wollen: (1) weil mit einem Gott nicht länger die Möglichkeit der Freundschaft besteht; (2) weil Freundschaft uns zwingt, den anderen zu lieben, wie er oder sie ist, indem man ihm oder ihr wünscht, zu bleiben, wie er oder sie ist. So kann man keinen Freund deifizieren; (3) weil perfekte oder wahre Freundschaft – jene der gerechten und tugendhaften Person, die wie ein Gott zu sein wünscht – zu einer göttlichen Autarkie tendiert, die leicht ohne den anderen auskommt und kein Verhältnis zur Freundschaft besitzt.

[121] Vgl. etwa Slavoj Žižek: *Enjoy Your Symptom!*, London 1992, Kapitel 3.2.

[122] Yannis Stavrakakis, *Lacan and the Political*, London 1999, S.129.

[123] John Rajchman, *Truth and Eros*, New York 1991, S.70.